Unique

Unique

The Fred Factor

How Passion in Your Work and Life Can Turn the Ordinary into the Extraordinary

弗雷德因子

4個成就非凡人生的影響力法則

馬克·桑伯恩 Mark Sanborn 著

李志威 譯

獻給吾兒杭特和傑克——
我以能成爲你們的父親感到自豪。

獻給吾愛達拉——我很幸運能成爲你的丈夫。

目錄 Contents

各界讚譽 007

二十周年紀念版前言：在工作與生活中追求卓越／約翰．麥斯威爾 015

初版前言：一本你一定會想分享給身邊所有人的好書／約翰．麥斯威爾 019

引言：把平凡變成非凡，你我都做得到／強．高登 023

Part 1／什麼是弗雷德？ 029

第1章 弗雷德的影響力 031

第2章 第一位弗雷德 047

第3章 弗雷德原則 057

第4章 發現弗雷德 071

Part 2／成爲弗雷德

第5章　每個人都能產生影響　097
第6章　成功源自於人際關係　115
第7章　持續為他人創造價值　131
第8章　定期重塑自我　153

Part 3／培養更多弗雷德

第9章　發掘　175
第10章　獎勵　185
第11章　培育　195
第12章　示範　207

Part 4／獻給弗雷德的熱愛 219

第13章——今日的弗雷德 221

第14章——弗雷德精神 233

附錄：弗雷德評量表 240

致謝 248

各界讚譽

「海波特大學（High Point University）深信並實踐『選擇成就非凡』的理念。《弗雷德因子》這本現代經典正是實現這個理念的代表作。而馬克在非凡領導方面的專業，也是我們邀請他擔任駐校領導力專家的原因之一。」

——尼杜．庫比恩（Nido Qubein）博士，海波特大學校長

「在問世二十周年之際，《弗雷德因子》依然是一本不可或缺的

指南，引導我們以歷久彌新的智慧，將平凡轉化爲非凡。馬克・桑伯恩講述那位將枯燥工作化爲使命感的郵差的動人故事，如今比以往任何時候都更具啟發性。」

——斯基普・普里查德（Skip Prichard），**連線電腦圖書館中心**（OCLC）**總裁暨執行長、《錯誤之書》**（*The Book of Mistakes*）**作者**

「《弗雷德因子》對我們組織的影響，不亞於任何一本書。弗雷德的故事激勵我們團隊，思考如何讓每一次與球迷的互動都成爲難忘的體驗。你不必身處高位也能產生影響力。弗雷德讓我們看到，最微小的舉動也能創造巨大價值。如今，在薩凡納香蕉隊，我們每天都在球場上尋找這樣的機會。」

——傑西・科爾（Jesse Cole），Fans First Entertainment 創辦人、
薩凡納香蕉棒球隊（Savannah Bananas）擁有者

「在這個客服與人際關係已被自動化與外包取代的時代，《弗雷德因子》的核心理念比二十年前更加重要。沒有任何科技或服務能比得上一位投入、主動且有使命感的個人所帶來的影響。」

——鮑比・布魯姆（Bobby Bloom），NewAir 執行長

「將近二十年來，自從郵差弗雷德透過《弗雷德因子》走進我們的生活，他體貼入微、平實真摯的服務方式，深刻影響了我們這間擁有八十年歷史的公司的價值觀與文化。從提升士氣到鼓勵團隊持續進步、

肯定彼此的付出，《弗雷德因子》已成爲我們日常生活中重要的一環，也確實讓我們的公司變得更好。」

——約翰・艾倫（John M. Allen），Allen Associates 總裁

「《弗雷德因子》對 Safe Software 的成長相當重要，讓我們內化了對卓越客服的重視。弗雷德激勵我們不只滿足顧客，更要建立長久關係。這種理念定義了我們的企業文化，也證明這本書歷久不衰的影響力，以及它對我們成功的無價貢獻。」

——唐・莫瑞（Don Murray），Safe Software 共同創辦人暨總裁

「弗雷德們以身作則，是改變的推手，也是最棒的鼓舞者。因此

我們鼓勵並獎勵員工成爲弗雷德。這樣的結果是建立起更健康的校園文化，讓學生感受到安全、被重視與被愛。」

——朗達・考德威爾（Rhonda Caldwell）博士，肯塔基州學校行政人員協會（Kentucky Association of School Administrators）執行長

「服務是領導的核心，而你所能獲得的最高讚美之一，就是聽見別人說：『你眞是一位弗雷德！』我誠摯邀請你閱讀這本引人入勝又充滿洞察力的書，了解其中的原因。成爲一位弗雷德吧！這會豐富你的人生，因爲你會學會如何讓他人受益，並創造死忠粉絲等級的顧客。」

——肯・布蘭佳（Ken Blanchard），《一分鐘經理》（*The One Minute Manager*）共同作者

「馬克・桑伯恩的《弗雷德因子》令人振奮……他的法則不僅能改變你的人生，甚至可能讓你身邊那位夥伴的職涯就此起飛。」

——提姆・桑德斯（Tim Sanders），顧問、《愛是殺手鐧》（*Love Is the Killer App*）作者

「《弗雷德因子》是一則強而有力、發人深省的成功寓言，講述如何付出更多、超越期待。它如此具革命性卻簡單易行，它能改變人生。」

——布萊恩・崔西（Brian Tracy），《時間管理，先吃了那隻青蛙》（*Eat That Frog!*）暢銷作家

「在 Zappos，我們多年來一直以《弗雷德因子》來激勵員工，讓他們主動承擔顧客服務責任，並運用自身經驗，活出並實踐 WOW 的服務精神。」

——謝家華（Tony Hsieh），zappos.com 前執行長、《想好了就豁出去》（*Delivering Happiness*）暢銷作家

「《弗雷德因子》提醒我們，一個人就能產生影響。如果你準備好在個人或職涯邁向更高境界，就讀讀這本巧妙且具啟發性的書吧。」

——瑪麗・羅凡蒂（Mary LoVerde），顧問、演說家、《人生曾有把手但斷了》（*I Used to Have a Handle on Life But It Broke*）作者

「《弗雷德因子》是完美的一小時讀物。讀完你會忍不住想爲他人多走一哩路。」

——吉米・卡拉諾（Jimmy Calano），CareerTrack聯合創辦人暨前執行長

「《弗雷德因子》讚頌那些『平凡人』所提供的非凡服務。」

——羅莉・魏夏特（Lori Wiechart），科羅拉多州Sonnenalp家庭渡假村與飯店培訓統籌暨品管領導人

◎二十周年紀念版前言

在工作與生活中追求卓越

約翰．麥斯威爾（John C. Maxwell）

當我在二〇〇四年為《弗雷德因子》撰寫前言時，我所知道的是：

這是一個真實故事，而非商業寓言，儘管它讀起來像一則寓言。

馬克．桑伯恩是一位演講家、作家，也是我的新朋友，他曾參與我們的「最大影響力同步廣播」活動。

這本小書講述了他真實生活中的郵差——弗雷德．謝伊（Fred Shea），他負責桑伯恩當時位於華盛頓公園的住家郵件遞送。

我認為這本書傳達的訊息：選擇在工作與生活中追求卓越，非常寶貴且鼓舞人心。

然而，當時我不知道的是：

這本書幾乎立即成為暢銷書，登上了《華爾街日報》（*Wall Street Journal*）、《紐約時報》（*New York Times*）、《商業周刊》（*BusinessWeek*）和《今日美國》（*USA Today*）的暢銷書排行榜。它在美國售出了超過一百萬本，在中國售出超過七十五萬本，並且在印度也進入了暢銷書排行榜。

馬克將《弗雷德因子》的理念傳播到美國各地，甚至遍及五大洲。簡而言之，當時的我無法預見這本書會對個人和組織產生如此強大的影響，也無法想像它的訊息會被持續傳頌這麼久。

如今，我正在為這本書的二十周年紀念版撰寫前言。

（本文作者爲國際知名領導學大師、演說家，著有《與成功連結》（*How Successful People Think Workbook*）、《與人同贏》（*Winning with People*）、《領導力21法則》（*The 21 Indispensable Qualities of a Leader*）等暢銷書，累計銷售超過三千萬冊。）

⊙初版前言

一本你一定會想分享給身邊所有人的好書

約翰・麥斯威爾

有時你會和一本如此激勵人心的書不期而遇，讓你忍不住立刻開始列出身邊認識的人，認為他們一定要擁有一本！

這正是我在閱讀馬克・桑伯恩撰寫的《弗雷德因子》時的反應。

這本小巧而引人入勝的書，從一個真實故事出發，傳達出一則強而有力的勵志訊息，將強烈激發你對工作和生活的態度。面對現實吧——如果一位名叫弗雷德的傢伙，他在美國郵政署工作，擁有一份稱不上光鮮亮麗的工作，卻能為客戶提供如此卓越的服務和承諾，那麼你和我是否也有機會去幫助其他人，並在過程中達到更深層的個人實現與滿足？

如果要我列舉一份將受益於閱讀《弗雷德因子》的讀者名單，其中會包括：

- 我的員工和商業夥伴——因為他們將學到如何更好地服務客戶的祕訣。
- 位居高位要職的企業家朋友們——因為他們將看見該如何激勵整個組織，以追求前所未有的卓越水準。
- 我的家人們——因為他們將發現向所愛之人表達真摯感激之情

的好處。

- 準畢業生們——因為他們將獲得有關實現終身成功的非凡見解，這是課堂上沒有教授的。
- 最後，我希望將這本書，交到所有想要將生活中平凡時刻變成非凡經歷的人手中。

有四個基本原則定義了「弗雷德因子」。我不會在這裡誘露它們是什麼，以免破壞你的閱讀樂趣。但我保證，如果你認真對待馬克．桑伯恩的建議，開始過上更像「弗雷德」的生活，你將永遠以全新的方式再次看待自己、對他人的價值，以及你在世界上的重要性。你不僅會在自己的影響範圍內產生正面作用，而且還將獲得幫助他人成為「弗雷德」的技能。

也許我最喜歡《弗雷德因子》的地方在於，這不只是另一個關於如何使生活更美好的寓言故事——雖然那些虛構故事也很有價值。這本書之所以如此特別，是因為弗雷德的故事是真實的！除了弗雷德自己的故事外，這本書還向我們介紹了許多在世界上產生影響的真實人物，他們所處的環境各異，包括醫生辦公室、餐廳、教室和家庭。

我希望你為自己和他人做一些特別的事情——是時候將「弗雷德因子」融入你的生活中了。

⊙引言

把平凡變成非凡，你我都做得到

強・高登（Jon Gordon）

身為一名作者，我一直在學習如何寫出能夠產生影響的作品。什麼樣的書籍或觀點能夠帶來改變？為什麼某些訊息能夠歷久不衰？什麼讓它們成為永恆的經典？

至少有三個原因：值得記住、容易產生共鳴、並且具有啟發性。

最好的故事是令人難忘的，它們會長久地留在我們心中，使我們能夠回憶並與他人分享。《弗雷德因子》是一個真實的故事，儘管這件事發生在二十年前，但作為這本書的讀者與粉絲，我仍然記憶猶新。我可以保證，所有幸運讀過這本書的讀者，也一定記得它所講述那位真實存在的郵差弗雷德。如今他已經退休了，但他的故事與榜樣依然惠及所有從中學習並受益的人。

最好的書籍是容易產生共鳴的。我們都能與弗雷德．謝伊，也就是郵差弗雷德，產生共鳴。他和我們一樣，都是普通人，但最讓我們深受啟發的是他工作的方式。他真正地把平凡變成了非凡，並提醒我們，我們同樣可以做到。

儘管《弗雷德因子》極具啟發性，但讓它成為永恆經典的，是它不僅激勵了讀者，更指導讀者如何實踐。啟發可以讓我們感覺更好，但應用才能讓我們做得更好。具有指導性的書籍不僅會回答「是什麼」，還回答：「我該如何應用這一原則？我該如何調整這項技巧來提升我的工作？我該如何在精神上和行動上，成為一名『弗雷德』？」

作為《弗雷德因子》的忠實粉絲，我認為這本書之所以在今天依然具有影響力，就如同它最初出版時一樣，是因為以下五個核心理念：

◉ **每個人都能產生影響，唯一的問題是，你會帶來什麼樣的影響？**你可以選擇把他人視為阻礙，或者視為實現有意義且充滿價值的生活之鑰。弗雷德選擇用簡單而有力的方式影響身邊的人，而我們也可以這樣做。

◉ **沒有人能阻止你選擇卓越**。許多人認為，只有特定的工作或職位才能讓自己出類拔萃，但事實上，每一份工作都是讓你發光發熱的機會。關鍵在於，從日常的瑣事中找到意義，並在你的目標中發掘力量。每天清晨醒來，你都可以選擇追求卓越並產生影響，而弗雷德作為一名郵差，向我們展示了這是如何做到的。

◉ **一切都建立在人際關係之上**。弗雷德每天都花時間建立人際關係。在這個充斥著各種勵志訊息的世界裡，我們必須記住，真正的動力來自於人與人之間的連結。弗雷德之所以能夠激勵我們，不是因為他是誰，而是因為他讓我們看見，當我們把關係放在首位時，我們能成為什麼樣的人。他讓人們也想成為一名

「弗雷德」，因為他關心他人，並創造出深厚的連結。

◉ **儘管過去二十年世界變化巨大，但有一點始終未變——人性**。別被電視或社群媒體上的爭論迷惑了。在現實世界中，善良依然受到欣賞，卓越依然受到重視，人際關係依然是幸福的關鍵。當我們看到某個人懷抱愛心、服務精神和關懷之心，將工作做到極致時，他們會在人群中脫穎而出，而我們也做得到。

◉ **我甚至認為，《弗雷德因子》在今天比它首次出版時更加重要和必要**。這本書在過去的二十年裡，激勵、指導並造福了數百萬人，如今當你再次翻閱它時，它仍將為你帶來同樣的啟發與收穫。

因此，在我們慶祝《弗雷德因子》出版二十周年的時刻，讓我們感謝弗雷德——因為他選擇成為弗雷德；感謝馬克·桑伯恩——因為他捕捉到了弗雷德的影響力，並以令人難忘、易於共鳴且極具指導性的方式撰寫了這部經典之作。我們變得更好，是因為弗雷德用他的方式完成了自己的工作，也因為馬克向我們講述了這個故事！

無論是第一次閱讀，還是再次翻閱，請好好領悟這些原則，並將這些教訓付諸實踐！

（本文作者爲《能量巴士》（*The Energy Bus*）與《記得你對自己的承諾》（*The Carpenter*）等十五本暢銷書作者。）

Part 1

什麼是弗雷德？

第 1 章

弗雷德的影響力

卓越是一種選擇。

我們正身處於不尋常的時代。通貨膨脹、人工智慧、社會對立、疫情、文化疲乏，以及我們工作時間、地點與方式的變革——這些前所未有的因素正在威脅我們對成就感的追求，以及職涯上的成功。員工們正在「安靜離職」，僅僅滿足工作的最低要求，甚至乾脆離職——這清楚地表明，職場普遍存在著倦怠感與疏離感。我們比以往任何時候都更加渴望從工作中找到意義。

然而，幾十年前，弗雷德就已經找到了這種意義。

環境與背景或許會改變，但真理永遠不變。二十年前，我分享了一個故事，我相信這個故事在今天仍然與我們息息相關，甚至比當時更加重要。

事情是這樣的：

我的人生，在一瞬間發生了改變。

你知道嗎？「一瞬間」的正式時間定義為九十秒，這是一個可追溯至中世紀的時間測量標準。而我與弗雷德．謝伊，也就是郵差弗雷德的第一次見面，大約就是這麼長的時間。然而，這場短暫的會面對我產生了深遠的影響，當你讀到「第一位弗雷德」這一章時，你就會明白為什麼。

當時，我和弗雷德都沒有預料到，這場會面將會改變我們接下來二十多年的人生軌跡。

弗雷德可能成了美國最知名的郵差。

但這並不是一蹴而就的。在出版這本書之前，我向多家出版社提案過六個不同的書籍構想，卻都未能成功。直到有一次，一家小型出版社聯繫了我，我的妻子達拉（Darla）說：「寫《弗雷德因子》吧！這是你最喜歡的故事，也是你最擅長講述的內容。」我妻子是位充滿智慧的女人，我便照做了。

後來，有一天，當時擔任科羅拉多州斯普林斯 WaterBrook Press 出版社社長的唐．佩普（Don Pape）邀請我共進午餐，討論可能的書籍計畫。我帶著六、七個書籍構想前去，但他對這些點子都不怎麼感興趣。不過，唐曾經在一次業界活動上聽過我演講《弗雷德因子》的故事，他問我：「你的那位郵差呢？那個故事呢？他不是叫弗雷德嗎？」

就這樣，WaterBrook Press（隸屬於蘭登書屋〔Random House〕）買下了《弗雷德因子》。

這本書原本篇幅不長，是一本所謂的「飛機書」，也就是你可以在飛行途中輕鬆讀完的書。我以前寫過篇幅是這本書兩到三倍的書籍，結果卻不太理想。這讓我意識到，也許我的天命就是寫「小書」，傳遞「大理念」。

然而，接下來發生了一件有趣的事。許多商務人士會在機場書店買下這本書，並在回家或上班的途中閱讀。不僅如此，他們還認同這些理念，甚至會購買更多本送給自己的團隊成員、朋友、子女，或者任何他們認為可以從這些理念中受益的人。

這本書已經被翻譯成二十多種語言，在印度和中國都曾是暢銷書，在美國也曾連續數月登上《華爾街日報》、《商業周刊》、《今日美國》和《紐約時報》暢銷書排行榜。

但這本書的成功，並不是因為我的寫作風格像海明威（Hemingway）那樣高深。（有位評論者負評說這本書的寫作程度像七年級生的水準，我特意去審視了一下，結果發現它其實是四年級程度。嘻嘻！）

我相信這本書之所以成功，是因為它講述了一個普通人，在他的工作中展現出非凡表現的故事。而我們每個人，都是普通人。我們可以選擇如何過我們的人生、如何工作、如何度過每一天，而弗雷德的故事證明了：我們可以選擇把這一切做到卓越。

卓越是一種選擇。

任何人都可以選擇成為「弗雷德」，但顯然並不是每個人都會這麼做。人們常問我：「你能讓某人成為弗雷德嗎？」坦白說，我甚至沒辦法讓我兒子們在家裡時自願倒垃圾，所以我不夠格回答這個問題。

我在一九八七年第一次遇見弗雷德，並很快開始在演講與研討會上講述他的故事。偶爾，弗雷德也會跟我一起出席演講活動。我和達拉與弗雷德及他的妻子凱西（Kathie）成為了朋友，這段友誼至今仍在延續。當弗雷德與我一起出現在舞台上時，他才是那場活動的真正明星。演講結束後，我親眼見到人們跑上前去與弗雷德合影、索取簽名——我在一旁形同空氣，本來就應該如此。

我因為參與約翰·麥斯威爾當時所創辦的公司 Maximum Impact 而與他成為朋友。我連續六、七年在一場同名的聯播活動中擔任講者，其中一場我談到了《弗雷德因子》。那次我邀請弗雷德一同出席，並在台上介紹他出場。現場對這位人物與他所傳遞的訊息反應相當熱烈，我相信那場活動對這本書的銷售來說，是一個非常好的開始。

有一次我對全美國的郵政主管發表演說時，是由弗雷德開場並介紹我出場。那天他坐在郵政署署長的座位上。而他，也再次得到了多年來始終未曾獲得、但早就應得的肯定與讚賞。（這裡有一個重要的觀念：如果你想在生活中擁有更多像弗雷德這樣的人，那就要先好好注意你身邊那些早已存在的弗雷德們。）

弗雷德不介意我告訴你，其實他對站上舞台感到有些不自在。他是個謙遜的人，更擅長一對一的互動，而不是面對眾人傳達訊息。但每當他站上舞台，他總是表現得非常出色——就像他在生活中的每個角色一樣：身為郵差、丈夫、父親、祖父，還有……身為一個人。

弗雷德和凱西曾出席我的六十歲生日。賓客們雖然很享受當天的美食與飲品，但對許多人而言，能親自見到弗雷德本人，與我這個人生里程碑的生日一樣令人難忘。

弗雷德其實並不是真的從美國郵政署退休，用個不那麼正式的說法，他是「被迫離職」的。成本削減、年資、薪資預算……這些因素綜合起來，讓他比我個人認為的時間點還早離開郵局。

但這並沒有讓弗雷德停下腳步，他雖然不再走他熟悉的郵件投遞路線，也不再為那些公寓大樓送信，但他依然以行動展現他對人的關懷與熱情。他也因此有更多時間，可以好好寵愛他的孫女們。

這些年來所發生的一切，對我與弗雷德而言，都可以說是奇蹟般的人生經歷。

弗雷德曾經跟我分享，除了他的家人以及對他們的愛之外，這本書是他人生中經歷過最奇妙、最令人驚喜的事。最重要的是我們必須明白——弗雷德從來不是為了出風頭或博得關注而做這些事的。他在郵局服務了二十五年以上，幾乎沒有受過什麼表揚或肯定。但當他終於受到讚賞時，他把那視為一個機會：一個能做更多好事、提供更多服務的機會。

成功總是伴隨著批評，其中一種常見的誤解是：這本書是為了剝削勞工、讓他們賣命做更多的工作而寫的。但事實恰恰相反，《弗雷德因子》與其說是關於你做了多少工作，不如說是關於你「如何」去做你的工作。這本書真正關注的是：如何善用每一個工作中的機會，甚至賦予它更多的意義。

也許你是那種同時追求賺錢與意義的人——既要賺進收入，也想帶來改變。要同時做到這兩件事，往往比單獨做其中一件更困難。而弗雷德在工作中所展現出的精神與行動，正是啟發我寫下這本書的原因。

在我的職業生涯中，最有趣、最令人興奮的時刻之一，就是得知《弗雷德因子》正在某些地方發揮正向影響的時候。有人告訴我（我真的很希望有機會證實這件事），位於俄亥俄州哥倫布市的服飾品牌 The Limited 曾在員工訓練中使用這本書，而且在其總公司牆上那些維多利亞的祕密（Victoria's Secret）模特兒照片之間，還夾著幾幅展示《弗雷德因子》精神的標語看板。

在拉斯維加斯 Zappos 總部導覽結束時，參觀者可以從幾本公司重視的書籍中選一本免費帶走，《弗雷德因子》就是其中之一。在記錄 Zappos 與其執行長謝家華（Tony Hseih）故事的書《神奇小子》（*Wonder Boy*）中，作者安潔兒．歐陽（Angel Au-Yeung）與大衛．金斯（David Jeans）寫到了一段情節：

一位新進員工非常驚訝，因為他的主管竟然給了他一本《弗雷德因子》要他閱讀。「我上一次看書是什麼時候？我上一次有人要我『學的是工作之外的事情』又是什麼時候？」

作者寫道，那正是這位新人意識到 Zappos 並不是一家普通公司，而是一個非凡的工作場所的時刻。

幾年前，我曾受邀在德州某家醫院的十周年慶上發表演講。我後來才知道，在他們醫院大樓動工興建之前，就已經選定《弗雷德因子》作為發展組織文化的主要參考資料。這正是那些我未必親眼看見、卻持續發生的影響之一。那些來自這本書的觀念與行動，正在某處產生改變，只是我不一定知道。

肯塔基州學校行政人員協會頒發「弗雷德獎」（Fred Award）已超過十年。他們會選出各區的得主，並在每年夏天的州級年會中一一表揚，最終從中選出一位榮獲「年度弗雷德」（the Fred of the Year）。

科羅拉多州的柯林斯堡，曾因鄰近地區快速發展而面臨零售業競爭的壓力，於是實施了一項擴及全市的「弗雷德計畫」，藉此提升服務品質，並加強城市的競爭力。

戴夫・貝西特（Dave Bassitt）曾是內陸房地產公司（Inland Real

Estate）的高階主管，他因為讀到《弗雷德因子》而與我成為朋友。如今他是美國頂尖財務專業人士的顧問與教練，同時也參與多項商業計畫。就我所知，沒有任何人送出過比戴夫更多本《弗雷德因子》，也沒有人像他一樣致力於推廣這本書。他時常打電話來告訴我：「有人想訂兩百本書。」因此，他所帶來的影響，真的只能用驚人來形容。

我手上有一大疊資料夾，裡頭收藏了無數舊報紙剪報（現在可以算是古董了）、網路上的相關報導，以及讀者親自寫來的信件，這些都在在證明《弗雷德因子》所產生的影響。如果這些能證明我與弗雷德的故事確實在他人生命中帶來了正向的改變，那我將感到無比欣慰。

但還有多少人因此受益呢？我真心希望這本二十周年紀念版，能激勵更多人願意分享他們的故事給我和弗雷德（歡迎寄至mark@marksanborn.com）。

這二十年來，讀過這本書的人大致可以分成兩類：主動選擇閱讀的，以及被要求閱讀的。而在這兩類人當中，又可進一步區分為喜歡這本書的與不喜歡的。如果你正在讀這段文字，那麼你幾乎可以肯定是屬於第一類人。

無論你是否認為自己是一位「弗雷德」，我都希望你選擇卓越。這不僅是做生意的好方法，更是過人生的好方式。

第2章

第一位弗雷德

讓每一天都成爲你的傑作。

——約書亞・伍登（Joshua Wooden），
約翰・伍登（John Wooden）[1]的父親

我與第一位「弗雷德」的相遇時刻，正是我買下了所謂的「新」房時。這幢建於一九二八年的老屋子是我擁有的第一間房子，位於丹佛一處名為華盛頓公園、被美麗樹林環抱的區域。就在我搬進去幾天後，我家的前門響起了敲門聲。當我打開門時，眼前是一位郵差站在我的門廊上。

「早安，桑伯恩先生！」他開朗地說道，「我叫弗雷德，是你的郵差。今日特地來拜訪你，歡迎你加入我們的社區，同時了解一下你的情況和職業。」

弗雷德看起來就是個平凡的人，身高和體型都很普通，留著一小撮鬍子。雖然他的外表沒有什麼特別之處，但他的真誠和熱情立即就讓人感受到了。

我有點吃驚。和大多數人一樣，我已經收信很多年了，但我從未與我的郵件投遞員有過這種緊密的接觸。我對此印象深刻——哇！真貼心。

「我是一名職業演講者，我沒有真正的工作。」我開玩笑地回答道。

「如果你是一名職業演講者，那肯定會經常出差吧？」弗雷德說。

譯注①：約翰．伍登（一九一〇年至二〇一〇年）有史上最偉大的籃球教練之稱，曾率隊在十二年間獲得十次NCAA一級男子籃球錦標賽全國總冠軍，還有連贏八十八場比賽的紀錄。他提出了「成功金字塔」的理念，並在晚年成為勵志演說家。

「是的，確實如此。我一年到頭大概有一百六十天到兩百天都在外地出差。」

弗雷德點點頭，繼續說道：「好的，如果你能夠給我一份你的行程表，我可以幫你保管郵件並打包好，並且在你在家的那幾天才將郵件送到你手上。」

我對弗雷德的細心提議感到驚訝，但我告訴他這樣額外費工可能不是必要的。「為什麼不把郵件放在房子旁的信箱裡呢？」我建議道，「我回城時再去取就好。」

弗雷德皺著眉頭搖了搖頭。「桑伯恩先生，小偷們往往會留意信箱中積存的郵件，這等於告訴他們你不在家。你可能會因此成為入室竊盜案的受害者。」弗雷德比我還擔心我的郵件！但想想這也是有道理的，畢竟他是專業的郵政人員。

「我建議你可以這樣做，桑伯恩先生，」弗雷德繼續說。「只要信箱還能關起來，我就會把郵件放進去，這樣沒人會知道你不在家了。如果信箱已經放不下了，我會把這些郵件塞進紗門與前門間，放在這沒人會看到。如果連這邊的郵件也堆滿了，我會把剩下的郵件保管好，直到你回來。」

這時，我開始懷疑：這傢伙真的是美國郵政署的員工嗎？也許這個社區有專屬的私人郵遞系統。不過，因為弗雷德的建議聽起來像是一個極好的計畫，我還是同意了。

兩個星期後，我從一次旅行中回到了家。當我把鑰匙插入前門的鑰匙孔時，我注意到門墊不見了。丹佛真的有小偷會偷門墊？接著我在門廊的一個角落發現了門墊，它掩蓋著一些東西。我把門墊掀起來，發現了一張來自——還有誰呢？——弗雷德的便條！讀完他的留言，我了解到發生了什麼事。我離開的時候，另一家快遞服務公司把一個寄給我的包裹弄錯了地址。這個包裹被放在了街上另一個人的門前，距離我家有五戶之遙。弗雷德發現了我的包裹被送錯地方，把它撿起來並送到我家，留下了一張便條，然後試圖讓包裹不那麼顯眼，把它藏在了門墊下。

弗雷德不僅在送信，現在還替 UPS（聯合包裹服務公司）補破網！他的行為讓我留下了極為深刻的印象。作為一名職業演講者，我特別擅長發現並指出客戶服務和企業一般性的「問題」；但要找到「好的」或者值得讚揚的例子難上許多。然而，這裡就有個活生生的例子——我的郵差，弗雷德。他是提供個人化服務的楷模，也是任何想在工作中有所作為者的榜樣。

我開始在全美各地的演講和研討會中，以我和弗雷德的經歷為例。弗雷德的故事倍受大家喜愛，無論是服務業、製造業、高科技產業，還是在醫療保健領域工作的聽眾，都被弗雷德深深吸引。

回到丹佛後，某次我告訴弗雷德他的工作如何激勵了其他人。我跟他說了一個故事——一位深感沮喪的員工，她從未從雇主那獲得任何認可；她寫信告訴我，弗雷德的榜樣激勵了她要「堅持不懈」，讓她繼續做她內心認為正確的事情，無論是否會得到認可或獎勵。

我向弗雷德講述了一位經理的自白，他在一次演講後把我拉到一旁，說他從來沒有意識到他一直以來的職涯目標就是成為「一位弗雷德」。他相信，卓越和品質應該是任何業務或職業中每個人的目標。

我還高興地告訴我的郵差，有些公司已經設立了「弗雷德獎」，頒發給展現出獨一無二服務、創新和承諾精神的員工。還有一位弗雷德的粉絲，曾經寄了一盒自己做的手工餅乾給我，要我轉交給弗雷德。

在弗雷德成為我的郵差後第一個聖誕節，我想更正式地感謝他的優秀服務。我在郵筒裡放了一份小禮物給他。第二天，我在郵筒裡發現了一封不尋常的信。信封上有郵票，但沒有郵戳。這時我注意到了寄件人地址；信是來自郵差弗雷德。弗雷德知道將一封未加郵戳的信放進信筒是違法的，所以即使他親自把信從他家帶到我家，他還是做了正確的事情，為信加上了郵票。

我打開了這封信，信中部分內容寫道：「親愛的桑伯恩先生，感謝你在聖誕節記得我。很榮幸你在演講和研討會中提到了我，我希望自己能繼續提供卓越的服務。真誠地，郵差弗雷德。」在接下來的十年裡，我從弗雷德那裡得到了始終如一的優秀服務。我總是能夠根據郵件被塞進信筒的方式，判斷他不在崗位上的那些日子。當弗雷德在工作時，所有的郵件都會被整齊地捆綁在一起。

不僅如此，弗雷德還對我表現出個人的關心。有一天，當我正在修剪草坪時，一輛車從街上慢慢開過來。車窗下滑，一個熟悉的聲音大喊：「你好，桑伯恩先生！你的旅行怎麼樣？」那是下班後的弗雷德，開車在社區裡四處移動。透過觀察他的傑出態度和行動，我得出了一個結論：弗雷德以及他的工作方式，是二十一世紀追求個人卓越與高成就的完美象徵。弗雷德——以及我在各個職業中遇到、觀察或得到服務的其他無數弗雷德——激勵我寫出了《弗雷德因子》。這本書包含了全世界所有弗雷德教會我簡單而深刻的教訓。

任何人都可以成為弗雷德，這也包括你！這樣的結果不僅僅是在工作中展現非凡的努力和取得成功，你也會發現自己正在過著非凡的生活。

第 3 章

弗雷德原則

無論你是誰，保持善良。

——亞伯拉罕・林肯（Abraham Lincoln）

真理是可以傳遞的。這就是為什麼在這本書中，我經常提到一些我認為界定了弗雷德因子本質的核心觀念，這些觀念適用於你的生活和工作。以下是我從郵差弗雷德那裡學到的四個基本原則，我相信這些原則適用於任何人、任何職業、任何情況、任何時候。

原則1：每個人都能產生影響

無論組織有多麼大而無當，個人仍然可以產生影響，你確確實實能夠產生影響。一位平庸的雇主可能阻礙卓越的表現，選擇忽視員工，從不認可或鼓勵他們；或者，優秀的雇主可以訓練員工臻至卓越的境界，然後予以獎勵。然而，最終，只有員工可以選擇以非凡的方式完成他們的工作，而不受外在環境的限制。

仔細想想，你是增加還是減弱了顧客和同事的體驗？你使組織更接近還是更遠離目標？你是以普通的方式執行工作，還是卓越地執行它？你是減輕了某人的負擔，還是增加了他們的負擔？你是鼓舞了某人，還是讓某人沮喪？

沒有人能阻止你選擇變得非凡。歸根究柢，真正重要的問題是，你帶來了什麼樣的影響？

著名作家和商業領袖、聯邦快遞（FedEx）創辦人佛瑞德・史密斯（Fred Smith），根據多年的領導經驗指出：「大多數人都對成就感充滿熱情。」

我絕對同意。從郵差弗雷德的例子來看，當大多數人將投遞郵件視為單調乏味的苦差事時，弗雷德看到了一個機會，可以讓他的顧客生活更加愉快。他選擇帶來正面的影響。

馬丁．路德．金恩（Martin Luther King, Jr.）博士說：「如果一個人被要求做一名清道夫，他應該像米開朗基羅作畫、貝多芬作曲或莎士比亞寫詩一樣地去清掃街道。他應該做得如此出色，讓天地萬物都會忍不住停下來說：『這裡曾住著一位做好工作的偉大清道夫。』」

郵差弗雷德明白這一點。他活生生的證明了當由重要和非凡的人執行時，這世上沒有微不足道或普通的工作。

政治家們喜歡告訴我們，工作賦予人們尊嚴。我同意，有工作以及謀生的手段對於自己和家人至關重要，但這只是方程式的一半。我們鮮少被告知的是，人們也賦予工作尊嚴。**沒有不重要的工作，只有在工作時感覺自己不重要的人**。這可能是為什麼《富比士》（*Forbes*）雜誌的傳奇創始人B．C．富比士（B. C. Forbes）說：「成為一流的卡車司機，比成為十流的高階主管更有榮譽和滿足感。」

我曾經遇到過一些計程車司機，他們對如何完成工作相當有熱情，然而一些上層管理人員似乎已經失去了追求卓越的動力。職位永遠不能決定表現，但最終表現決定了人們在人生中的位置，因為位置是基於實際成果而不只是意圖。真正的關鍵在於，你是否付諸行動，而非僅止於言語。

設定更高的標準，遠比維持現狀更具挑戰性。面對那些感到威脅而來批評你的人，不是依靠你的頭銜來支撐，而是取決於你的態度。

最終，你對他人愈有價值——也就是你在工作或與他人互動中創造的價值愈大，愈多的價值終將流向你。忠實地盡力而為，無論是否得到他人的支持、認可或回報，是事業成功的一個關鍵因素。

原則2：成功源自於人際關係

在我的一生中，大部分寄給我的郵件最終都到了我的信箱。這項服務是由美國郵政服務提供的，它給了我郵資所支付的服務——不多，也不少。

相比之下，我從郵差弗雷德那裡得到的服務有很多優點，最大的原因是我和他的關係。這種關係不同於我和其他郵差之間的任何關係，過去或後來都是如此。事實上，弗雷德是我唯一建立過個人關係的郵差。

為什麼弗雷德脫穎而出是顯而易見的。冷漠的人提供沒有溫度的服務，當服務提供者和客戶之間存在關係時，服務變得更加個人化。弗雷德花時間了解我，清楚我的需求和喜好。然後，他利用這些訊息，提供了比我以前得到的任何服務都更好的體驗。你有這種能力嗎？

弗雷德證明了在任何工作或業務中，**建立關係是最重要的目標，因為關係的品質決定了產品或服務的品質。**

這也是為什麼：

◉成功的領導者是因為他們了解到他們的員工都是人。
◉成功的創新技術是因為有考量到它的使用者是人類。
◉像弗雷德這樣的員工能夠成功，是因為他們認知到自己工作的核心是與人互動。

原則3：持續為他人創造價值，而這不一定要花錢

你是否抱怨自己沒有足夠的預算？必要的培訓？合適的機會？換句話說，你是否認為自己缺乏資源以更有效率地執行任務？

那就想想弗雷德吧。他有哪些資源可以利用？一套沉悶的藍色

制服和一袋郵件。就這樣！然而，他在街上來來去去，心中充滿可能性。他的想像力使他能夠為顧客創造價值，而他並不需要額外的資金，他只是比其他郵差更努力和更有創造力地思考。

透過這樣做，弗雷德掌握了二十一世紀最重要的工作技能之一：在不花更多錢的情況下，為顧客創造價值的能力。

你也可以用想像力取代金錢，目標是超越競爭對手，而不是花更多錢。

我遇到過很多擔心可能會成為裁員受害者並失去工作的人，我總是告訴他們停止擔心，我的冷漠讓他們感到震驚。實際上，我的目的是將他們的注意力，從「就業」轉移到「具有就業能力」。

在今日的經濟環境中，高中或大學畢業生應該預期在他們的職業生涯中失業幾次，但只要個人具有就業能力，失業將是短暫的。具有就業能力意味著擁有一套技能，使你成為任何雇主都渴望擁有的人，無論產業或所處地點為何。

這套技能究竟是什麼呢？許多因素都有助於提升就業能力，但我深信最關鍵的技能是——在不花錢的情況下為客戶和同事創造價值的能力。**訣竅是用想像力代替金錢，用創造力替代資本**。

我個人的最大原則是，你愈嘗試用錢盡快解決問題，就愈有可能不是最好的解決方案。有足夠的錢，任何人都可以用錢解決問題，挑戰就在於用頭腦而不是用資本超越競爭對手。

在商業世界中，競爭可能存在於組織內部或外部，有時兩者都有。例如，你可能在部門或公司中競爭更好的職位，你希望最適合這份工作的人能得到它，而你正在努力證明你就是那個人。

又或者是在市場上有一個確定的競爭對手。有一次，我在一場由一家快遞服務公司舉辦的會議上演講，這家公司將美國郵政視為競爭對手，我被禁止在演講中使用弗雷德的故事。（我覺得奇怪的是，該公司不希望我將弗雷德作為他們所追求並鼓勵所有員工提供服務的一個例子，但這是另一本書的主題。）

由於弗雷德的雇主與其他快遞公司爭奪收入，因此弗雷德若不是有助於公司的事業，就是一大阻礙。大多數雇主都明白，弗雷德是那種將為他們帶來競爭優勢的員工。

但我不確定弗雷德（或他的雇主）是否真正思考過傳統意義上的競爭。弗雷德更有可能是某種無形競爭對手的活生生證明：那個我們本來可以成為的自己。事實上，我們每天都在與自己的潛力競爭，我們大多數人都未能達到自己所能做到或成為的水準。

我可能永遠無法理解弗雷德的所有動機，但我猜他在工作和服務方面取得卓越成就所獲得的滿足感，以及他持續為顧客帶來的喜悅，都是促使他堅持卓越的關鍵因素。

在每天結束時，弗雷德都戰勝了一個潛在的無聲對手，這個對手威脅著他的潛力，正如它威脅著你我的潛力一樣。這個競爭對手就是「平庸」——只願意得過且過，不願多做的心態。

雖然這個競爭對手可能不會搶走你的晉升機會或公司在市場中的占有率，但平庸一定會降低你的表現品質和你從中獲得的意義。

原則 4：定期重塑自我

這裡有一點值得我們思考：如果弗雷德在把郵件放入信箱時都能發揮如此的創意，那麼你我可以如何為我們所做的事情注入獨創性呢？我們該如何重塑自我和我們的工作？

有些日子你睜眼就感到疲憊，你覺得自己已經讀了書、聽了有聲書、看了影片，也參加了培訓課程。你正在盡一切可能實現個人卓越，但你仍然感到疲憊和缺乏動力。當你的生活處於低潮時，對工作的投入動搖，你只想完成工作、下班回家時，你該怎麼辦？

這是我所做的：我想起了曾經替我送過郵件的那個傢伙。因為如果郵差弗雷德能為把郵件放入信箱，帶來那樣的創造力和承諾，我也能做出同樣或更多的努力來重新塑造我的工作並振奮我自己。我相信，無論你擁有什麼樣的工作，從事什麼行業，或住在哪裡，每天早上醒來，你都是一張白紙，**你可以讓你的事業以及你的生活，成為你選擇的任何樣子**。

以上，這就是我稱之為弗雷德因子的四大原則。

第 4 章

發現弗雷德

每個人生命中都會出現一個特別的時刻，
那正是他與生俱來的使命所在。如果他能把握住這個機會，
就能實現自己的使命——一個只有他才能勝任的使命。
在那一刻，他成就了偉大，那就是他最輝煌的時刻。

——溫斯頓．邱吉爾（Winston Churchill）

現在，我已經解釋了一位典型「弗雷德」的特質，你應該能更理解為什麼我無論走到哪裡，都樂於發掘身邊的「弗雷德」。

我喜歡星巴克的咖啡，幾乎每天早上都要來一杯，才算開始新的一天。某天早上，我開車前往丹佛國際機場時，順道繞去星巴克買我最愛的飲品——一杯大杯熱咖啡。

然而，在駛上州際公路後，我發現自己遇到了一個小困境。我開的車是手排車，需要一隻手換檔，另一隻手握方向盤。我只好先把咖啡暫放在中央扶手上，等到換上高檔後再喝。那麼，這杯咖啡翻倒的機率有多高呢？

事實證明——相當高。突然間，我的右腿從膝蓋到臀部出現了一大片又黑又熱的污漬。而我當天穿的是一條淺藍色牛仔褲。

到了機場後，我趕緊在廁所裡用紙巾擦拭，甚至利用烘手機試圖把牛仔褲弄乾，但最後我仍然狼狽得像個大傻瓜。

抵達亞特蘭大機場的萬豪酒店後，我立刻聯繫了客房服務。「這條被咖啡弄髒的牛仔褲是我回程時唯一能穿的褲子，」我對主管說，「請問有沒有可能讓它在今晚之內洗好呢？」

主管語帶同情地告訴我，飯店沒有為住客提供洗衣服務，而負責洗床單的工作人員也已經下班了。但她補充說，她願意幫我把褲子帶回家洗，隔天一早再還給我。

對於她的好心，我滿懷感激，並接受了這個安排。

第二天早上，這位熱心的女士如約將清洗並熨燙好的牛仔褲送到我的房門口。

我至今仍後悔沒有記下她的名字（不過，我當時有寫信給飯店表揚她）。雖然我不知道她的名字，但我知道該怎麼稱呼她——她是一位「弗雷德」。

自從我遇見郵差弗雷德以來，我逐漸意識到，像弗雷德這樣的人——還有那些有潛力成為弗雷德的人——其實隨處可見。每一次的相遇都讓我更加相信，弗雷德那樣的人遠不像我過去以為的那樣罕見。每一位弗雷德都以他或她獨特的方式展現自我。

以下幾位就是我曾遇見的「弗雷德」們。

幽默的弗雷德

清晨六點十五分，從丹佛飛往舊金山的班機上，乘客們通常都還沒完全清醒。根據經驗，這班航班大多平淡無奇，機艙裡唯一的聲音常是偶爾傳來的打鼾聲。不過，這一切都可能因為空服員的不同而改變。

有一次，我搭上這班機時，遇到了一位特別有創意又風趣的空服員，她用一連串非典型的廣播逗樂了整機的乘客。

「如果你耳朵悶到塞住了，我建議你大大地打個呵欠，」她開場說道，「如果你打不出呵欠，問我好了，我可以跟你聊聊我的感情生活。」

「我們正準備降落舊金山機場。如果舊金山是你的最終目的地，祝你一路開車平安。目前北向一〇一號公路有些塞車，市場街出口有輛拋錨的車，但整體交通還算順暢。」

這時，本來昏昏欲睡的乘客們開始清醒，整台飛機上傳來一陣陣笑聲。我們降落之後，這位空服員還加碼了一段壓軸廣播：

「除非你旁邊的人搶先說了，否則就讓我成為第一個歡迎你抵達舊金山的人。你會發現機場建築物離我們還有一段距離——我們之所以不在航廈旁降落，是因為那樣會把裡面的人嚇個半死。所以我們得停在這外圍，然後慢慢滑行進去。請大家務必等到飛機停妥、繫上安全帶的燈號熄滅後再起身。」

「至於你們這些1K會員、尊榮旅客和常客——人太多了我就不一一點名了，不過你們自己知道是誰——感謝你們選擇聯合航空進行長途旅行。如果你願意在下機時給我一張近照，我可以幫你寄給家人，讓他們記得你長什麼樣。」

「最後，我希望你們離開飛機時都能面帶笑容，這樣在外面等待的人才會好奇我們在天上到底幹了些什麼開心事。」

這位弗雷德做了什麼呢？她冒了一點風險，也為自己找了點樂子。而結果是——她的顧客，也就是乘客們，也一起享受了這段旅程。

有責任感的弗雷德

傑克．福伊（Jack Foy）是俄亥俄州沃辛頓（Worthington）希爾頓惠庭套房飯店（Homewood Suites）飯店的夜班帳務員。

有一晚，剛好是父親節的前夕，一位女士打電話來，說她的丈夫住在這家飯店，而他們的女兒希望在父親節那天，讓爸爸享受一頓他最愛的早餐——煎餅、炒蛋和培根。

唯一的問題是，這家飯店沒有餐廳。

於是，傑克在早上七點下班後，特地親自開車到附近的餐廳買了這份特製早餐。他還順道買了一張卡片，用蠟筆在上面寫下：「來自爸爸的小女兒」。然後他又驅車返回飯店，親自把這份充滿愛心的早餐包裹送到那位驚喜又感激不已的住客手中。

哦，順帶一提，由於傑克那天的貼心服務，他無微不至照顧的那位客人，最後與傑克所任職的飯店簽下了一筆可觀的合約。這就是所謂「附加價值」的最佳實例。

這就是弗雷德的力量！

慷慨的弗雷德

有一回，我剛抵達俄亥俄州哥倫布市的皇冠假日飯店（Crowne Plaza）辦理入住時，才發現我身上現金不夠，隔天早上恐怕無法搭計程車去機場。櫃台人員告訴我，飯店無法透過我的美國運通卡預支現金，而我又恰好沒帶提款卡。當時還沒有 Uber 或 Lyft 這種服務。雖然他說有些計程車會接受信用卡，但因為我預定早上九點演講結束，九點四十分要搭機，我擔心要找能刷卡的車、填寫表格等手續會拖延時間，讓我趕不上飛機。

但麻煩還沒結束。我發現房卡打不開房門，只好拖著行李走到走廊盡頭的內線電話旁，那裡就在貴賓交誼廳外面。吧台值班人員注意到我還拉著行李在打電話，便主動過來詢問：「需要幫忙嗎？」他自我介紹叫尼克。

我說明房卡失效的情況，他說：「我來處理。」接著還問我：「要不要我請你喝一杯，補償你的不便？」我接受了他的提議，一邊喝飲料、吃點心，尼克一邊幫我聯繫請人送來新房卡。

尼克非常熱心，我拿到房卡後，乾脆把我那件有點丟臉的困境也告訴了他。他聽完說：「如果真的沒辦法解決，你再來找我，我會幫你想辦法。」他告訴我他會值班到隔天早上七點半，還問：「要我離開前打電話確認你搞定了嗎？」我表示那就太貼心了。

回到房間後，我又花了四十分鐘打電話聯絡辦公室、銀行和美國運通。完全沒用。我正經歷什麼都不順的「那種日子」。我的理財專員說她也無能為力。美國運通可以提供現金，但手續複雜，得像諾曼第登陸一樣預先計畫。我最後還是決定回去找尼克。

「這實在有點尷尬，尼克，」我坦白說，「我走遍世界二十年，只有兩次把錢用光。我真的很不想開口，但……我可以跟你借二十塊嗎？」

「沒問題！這種事誰都有可能遇到，」尼克毫不猶豫地回答。他打開錢包說：「來，拿去三十塊吧。」我連忙解釋我只需要二十元。

「不不，拿三十吧，」他堅持道，「你永遠不知道接下來還會遇到什麼狀況。」我們交換了地址，我答應回家後就會把錢寄給他。

我對尼克的慷慨援助既感動又震驚。美國運通、銀行、甚至我的辦公室都無法解決的問題，卻被一位樂於助人的個人輕鬆化解。三十美元說多不多，但也絕非小數目——尤其是從自己口袋掏出來，更難能可貴。尼克根本不認識我，也不確定我是否會還錢。他完全理解提供服務的風險，但他仍然選擇這麼做。

隔天回到辦公室後，我立刻寄了一張支票給他，還附上幾本我的書和錄音帶，表達我的感謝。

尼克是否曾經被人放鴿子？或曾幫助過一些既不感激也不還錢的住客？我不知道。但我相信，即使遇過這樣的人，他仍然會選擇繼續幫助別人。

我之所以這麼相信，是因為我認為尼克明白一些人生的重要道理。他知道，要快樂又成功地走過人生，重點在於你給了什麼，而不是你得到了什麼；他知道，做對的事不該只是責任，而是一種選擇——你做，是因為那是對的事；他知道，服務不是一項義務，而是一個機會；他知道，幫助別人，比被幫助還更快樂。

說來也奇妙，我其實很高興自己那天把錢花光了，正因為如此，我才有機會遇見尼克，並被他提醒了這些人生的智慧。現在，這些智慧也成為你的一部分了。

一位知名的弗雷德

一九五〇年代初期，在紐約布朗克斯（Bronx）找份暑期工並不容易，但年輕的科林（Colin）下定決心，要靠自己賺到需要的錢。他每天一早就到卡車司機工會報到，主動爭取臨時工作。有時他能搭上送汽水的卡車，當助手幫忙搬貨。後來，百事可樂工廠開出一個清理黏膩汽水糖漿的打掃工作，其他年輕人都不願意做，但科林自願接下來。他的工作表現極好，隔年夏天甚至被邀請回來。那年夏天，他不再拿拖把，而是操作裝瓶機，到了暑假結束時，他已升任副班長。

這段經歷給了他一個重要的人生啟示。他在回憶錄中寫道：「所有工作都是光榮的。永遠要盡你所能，因為總有人在看。」

多年後，世界見證了柯林・鮑爾（Colin Powell）如何擔任美國參謀首長聯席會議主席、領導海灣戰爭（Gulf War）的軍事行動，並成為推動教育的重要人物。二〇〇〇年，美國總統當選人喬治・布希（George W. Bush）任命他為國務卿。

更多弗雷德的身影

以下是幾位值得列入「弗雷德名人堂」的候選人：

- 一位女服務生剛結束在芝加哥莫頓牛排館的輪班，準備走到停車場開車回家。她在停車場認出一位早先曾經服務過的男顧客，對方正苦於更換爆胎輪胎，卻完全搞不定。她主動上前說：「讓我來幫你吧。」這位機靈的服務生迅速幫他換好輪胎，讓這位餐廳顧客順利上路。
- 在一班飛往奧蘭多的航班上，一位熱愛搞笑的空服員戴上了高飛狗的帽子，邀請機艙前排的小朋友上前，他當場為他們變起魔術。這班飛機上的另一位空服員則坐在地板上，懷裡抱著一個孩子，好讓那位已經精疲力盡的家長能稍微喘口氣。

◉ 在克雷斯特德比特山滑雪渡假村，一名員工在停車場幫一位滑雪客修理拋錨的車子。另一名員工在下班後，甚至動用自己森林局的許可證去砍了一棵樹，只為了讓一戶到渡假村過節的家庭能有一棵聖誕樹。

◉ 我的一位朋友最近去看電影時忘了帶錢包，當她詢問是否能用支票付款時，員工說：「別擔心，下次路過再把錢補給我們就好。」她入座後，那位員工還送上一份免費爆米花和一杯飲料。從那之後，我朋友只要有機會就會去那間戲院看電影。

◉ 有一次我從費城搭機返家丹佛的旅程非常不順利，機場的航空公司地勤不是無能就是不願協助，我只好撥打常客專線要求轉接主管。一位女主管接了電話，她的態度真誠、設身處地，竭盡所能為我安排當晚的班機。我非常感激她的幫忙，但更令人印象深刻的是：她隔天還主動打電話到我辦公室，確認我是否已平安返家！

弗雷德的確無所不在，你自己或許也曾遇過幾位。

那麼，現在該提出關鍵問題了：**你準備好成為一位弗雷德了嗎？**

如果是，那就請繼續讀下去吧！

Part 2

成為弗雷德

讀到這裡，也許你會想說：「我真希望我身邊的人、一起生活或共事的人，都像郵差弗雷德那樣！」

如果我們的世界多一些像弗雷德這樣的人——對工作懷有高度使命感，能把平凡變成非凡——每個人都會因此受益。

你所在的組織中有多少位「弗雷德」？你是否曾經這樣感嘆：「要是我們這裡多幾個這樣的人就好了」？你是否也曾感到遺憾，有些同事恐怕比較接近「反弗雷德」？

那麼，我們該怎麼讓世界多一點弗雷德呢？答案其實很簡單：**從你自己開始，成為一位弗雷德！**

如果你想讓這個世界多一些弗雷德，就先從自己做起。當你開始把日常工作做到非凡，別人才會看到可能性，也會受到啟發。

其實，當一位弗雷德一點都不難；事實上，不當弗雷德反而比較難。讓我們具備「弗雷德特質」的能力，往往早就內建在我們身上。如果你沒有對職涯或人際關係懷抱興趣（更可能是一股強烈渴望），你不會讀到這本書的這裡。

有件事幾乎是所有人類的共同點：**渴望自己的存在有意義**。我從沒遇過有人說他希望自己「無足輕重」。每個人都希望自己能被看見，希望每天的工作不只是謀生手段，而是「活出意義」。最不快樂的人，也許就是那些為了錢而去做自己痛恨的工作的人。那為什麼不反過來，去做你喜歡的工作，同樣也是為了賺錢呢？

其實你可以——不必換工作，而是用不一樣的方式做現在這份工作，把它變成你喜歡的工作！

這正是讓弗雷德與眾不同的原因。有成千上萬的人都在送信，對某些人來說，那只是一份工作；對某些人而言，這份職業也許還算愉快。但對像弗雷德這樣的少數人而言，送信是一種使命。**是誰在做這份工作，決定了這份工作是平凡還是非凡**。

選擇權在你手上

你會選擇哪一種人生？快樂，還是痛苦？對工作感到充實，還是滿腹厭倦？做真實的自己，還是把真正的你藏起來？

其實，活得痛苦、消極又虛偽，比快樂、正向又真誠還要難得多。不管從事什麼工作，所有的弗雷德都有一個共通點：他們都選擇了後者這三項特質。

大多數人以為，要在人生中出人頭地，就得不斷學習新東西。但我相信，其實回到成功的基本原則，一樣能讓你有所突破。關於「成功」有很多種定義，但我相信，「用最享受的方式去做到最好」，是最值得追求的那一種。

這其實很簡單，只需要重新拾起那些你早已知道的道理——也許是幼稚園老師教給你的，或是你在主日學課上就聽過的——然後將這些道理應用到你的生活與工作中。

為對的理由做對的事

有件事很奇妙：當你期待得到讚美與肯定時，它們往往不會出現。

我也說不出為什麼，但人生一次次地證明，如果你做某件事的動機是為了得到感謝或掌聲，你多半會失望。

但如果你是因為相信「這就是正確的事」，而去做它——並且知道行動本身就是最好的回報，那麼無論他人是否注意到、是否表揚你，你都會有成就感。當獎勵或認可到來時，那只是額外的驚喜，像是蛋糕上的糖霜。

你的可能性是無限的

我認為，人們喜歡聽郵差弗雷德的故事，是因為它不只讓人看到「事情可以被這樣做」，更讓人想起「自己也有這樣的潛力」。在弗雷德的世界裡，卓越、智慧與投入是再自然不過的日常。反觀我們每天遇到的平庸、愚昧與不負責任，根本無法相比。

弗雷德提醒我們：我們有權選擇正確的榜樣。弗雷德們為他們的公司、組織、同事、顧客、朋友與家人，樹立了激勵人心的典範。當他人看見，原來在工作中有這麼多方式可以創造卓越與驚喜，他們也會渴望成為下一位弗雷德。

然後，美好的事就會發生——人們曾經失去的熱情將再次燃起，熱忱將取代憤世嫉俗，行動將打破怠惰與停滯。而來自他人回饋、認可與內在滿足的那份成就感，也將成為持續努力、追求品質的強大動力。

第5章

每個人都能產生影響

所有人都很重要。你很重要，
我很重要。這是神學上最難以相信的事情。

——G.K. 卻斯特頓（G. K. Chesterton）[2]

那天是辛辛那提一個美麗的春日早晨。我當天下午才有演講行程，於是我離開飯店，走到附近一家咖啡館。買了一杯咖啡（還能免費續杯！）後，我走到店外面對人行道的露天座位坐下來。接下來的二十分鐘，我沉浸在閱讀與品味咖啡的愜意時光中。

這家咖啡店不遠處有個計程車排班站，我注意到第二輛計程車的駕駛是一位年長的女性，她下車伸展筋骨，眼神望向我身後的咖啡店。不需要什麼超能力也能猜出她正在考慮進去買杯咖啡。我起身走向她，問道：「想喝杯咖啡嗎？」

「那太棒了！」她回答。

「你喜歡哪種咖啡？」

「黑咖啡。」她的口味跟我一樣。

我走回咖啡店，用我的免費續杯裝了新的一杯，然後花了一美元多，幫這位計程車司機買了一杯咖啡。當我回來時，她正在口袋裡翻找零錢。

「別擔心，」我說，「這杯咖啡我請。」

我拿起報紙、準備走回飯店時，最後看到的畫面是她站在原地，說不出話，臉上帶著訝異和感激的神情。

那天，那一美元多，是我花得最值得的錢。我成為了一位「弗雷德」，這讓我感到無比滿足。而或許，我也為她帶來了一些啟發。

譯注②：二十世紀初期英國知名神學家與推理小說作家。

你今天早上醒來時，有打算改變世界嗎？

承認自己每天一早醒來就計畫要改變世界，聽起來或許有些誇張，甚至有點妄想。但事實是，不管你是否有意識到，你每天都在改變世界。

有時候，一個小小的舉動，就能產生巨大的影響。

你會影響配偶或孩子的一天，取決於你出門前怎麼與他們互動。一句貼心的關心、一個多花幾秒的擁抱，就可能讓他們整天的世界不同。而這些瞬間也會提醒你，在早晨急匆匆趕去辦公室、壓力重重時，什麼才是真正重要的事。

當你遇上一位司機突然變換車道，你沒有猛按喇叭，而是體諒她也是個會犯錯的普通人，你就在改變她的世界。當然，如果你選擇猛按喇叭、大聲咆哮，甚至比出粗俗手勢，那你一樣改變了她的世界——只是方向完全不同。

你同樣會影響你的同事、客戶、廠商，甚至是公司餐廳裡的工作人員——可能只是透過一個微笑，也可能是一個皺眉。

這些都不是驚天動地的大事，它們不會讓國際局勢改寫，也不會立刻找到治療愛滋病的方法。但誰能說，這些看似微不足道的行動，最終不會在他人，甚至你自己的人生中，累積出深遠的影響？

每個人每天都在產生影響

你可以讀許多關於「如何產生影響」的書，也可能聽過老師、牧師或講者對你說：「去產生影響吧！」

但事實是：你早就每天都在產生影響了。真正的問題是——你產生的影響是哪一種方向？

「產生影響」的意思是，你影響了另一個人、一個群體，或是一個處境。要在人生旅途中完全「中立」幾乎是不可能的事。你關心他人、給予應有的尊重、禮貌地對待他人，這些都會產生正面的影響。

相反地，你忽視、批評、貶低別人，哪怕不是有意的，也會產生負面的影響。

關鍵在於，你要開始注意自己所帶來的是哪一種影響。正如我的朋友、也是重機騎士夥伴的吉姆・卡斯卡特（Jim Cathcart）說的那句話：「想知道更多，就要留心更多。」

你不需要問自己：「我今天有沒有產生影響？」當然有！你一定影響了某個人，也許只是一點點，也可能非常深遠。

你真正該問的是：**我今天帶來的是什麼樣的影響？**

比「隨機善行」更好的是什麼？

或許你在別人的車上看過這樣的貼紙標語：「請實踐隨機的善行。」這確實是個不錯的建議，但我想補充一點：「何不養成『持續實踐非凡行動』的習慣？」

即使是最不「弗雷德」的人，也有可能偶爾（甚至是「意外地」）做出一件非凡之事。當這樣的事發生時，我們應該給予肯定和讚賞，讓這種行為獲得正向回饋。

本書的目的，就是幫助你學會像弗雷德那樣去思考、行動與生活，將他那份寬厚與用心帶進你的工作、人際關係與整個人生中——不是偶爾為之，而是持之以恆。你可以學會用「弗雷德視角」來看世界。

你所做的一切，無論大小，會在不知不覺中累積起來，形成一種生活方式。而這種風格，任何一個稍加留意你的人都能感受到。也正是這樣的榜樣，能對他人產生最深遠的影響。

一個人，也能帶來巨大的影響

我們需要時常提醒自己，我們對他人的影響，比我們想像的還要深遠。

一九六二年，迪克・喬丹（Dick Jordan）是丹佛喬治・華盛頓高中的一名新進教師。當時，他開玩笑地邀請學生們在千禧年的第一天早上，到市中心丹佛公共圖書館的西側入口跟他見面。到了將近三十年後的約定日子，竟然有三百位學生現身。

當記者問這些人為什麼願意來，他們的回答很簡單：因為他們覺得喬登老師是真心關心他們的。他不只教他們思考，更教他們質疑課本上的歷史內容。至少有一位學生，就是因為喬登的啟發而成為老師。其中一位學生的丈夫也來了，那是他罹癌過世的妻子，在臨終前對他提出的最後一個請求。

這個約定一開始只是個玩笑。那時喬登剛從大學畢業，手頭拮据，甚至還向丹佛學區的招募人員借了三百美元，才有辦法從家鄉搬到科羅拉多。他那三年裡都穿著同一套棕色西裝去學校教書。

他對自己教的第一個班說：「我可以在二〇〇〇年退休。那天我們應該約好在哪裡見一面。對了，每個人都要帶一塊錢來，因為我可能會很需要它！」

結果，學生們記住了這句話。他們真的帶了一塊錢來，最後這些錢全數捐給了天主教工人愛心廚房（Catholic Worker Soup Kitchen）。

一個好點子的影響力

邦妮．麥克勞（Bonnie McClurg）深知如何產生影響。作為西維吉尼亞州查爾斯頓錢德勒小學的一名閱讀教師，邦妮每天都在改變孩子們的人生。

九年前，她觀察到學生們每天都會從學校販賣機購買零食。這讓她有了一個大膽的想法：為什麼不讓買書變得和買零食一樣簡單又便宜呢？

於是，她開始著手實現這個點子，設法讓書籍也能和椒鹽脆餅、玉米片一起出現在販賣機中。

從那時起，學生們只需要五十美分就能買到像《絲絨兔》（*The Velveteen Rabbit*）和《恐龍的奇妙世界》（*Amazing World of Dinosaurs*）這樣的書籍，而這些書的原價最高可達七．九五美元。

結果如何呢？一點也不意外——超過一千本書被學生們開心地買走！邦妮並沒有把這個想法單純停留在腦海中，而是將它付諸實踐。

她不只讓孩子們能更容易接觸閱讀，也讓他們明白，書籍也可以是美味的「零食」——永遠對身心有益的那一種。

三種讓你產生影響力的策略

要影響你所處的世界，有些方法是有效的，也有些不是那麼理想。以下這三個策略，是經過實踐驗證、行之有效的方式，能幫助你正確地做出改變：

策略1：辨識你可以在哪些時候產生影響

什麼時候可以發揮你的影響力？答案是：任何時候！記住，沒有人強迫你一定要做出非凡的事。如果你覺得成為一位「弗雷德」變成了沉重的義務，那麼你很可能會失敗。你會帶來影響，是因為你想要這麼做，也能夠這麼做——就像我遇過的那些弗雷德一樣。

策略2：聚焦你想影響的人

郵差弗雷德致力於為每一位客戶提供卓越的服務。那麼，這對你我來說是否可行呢？答案是——視情況而定。

我相信，無論是在家庭或職場，為每一個我們服務的人提供卓越的體驗，是可行的。然而，總會有一些特定的人，是我們更想要去特別對待、帶給他們驚喜的。這些重要的人，值得我們投入最多的關注。

- **顧客：**我本可以寫一本關於「顧客服務」的書，並以郵差弗雷德作為主要案例。但我希望從弗雷德身上學到的精神，不只是應用於市場營銷，而是可以影響人際關係的方方面面。然而，若要快速實踐並獲得回報，最簡單的方法，就是像弗雷德對待我一樣，對待你的顧客。這樣做，你不僅能立即吸引他們的注意，還能贏得他們長期的忠誠。
- **家庭：**如果你用「弗雷德精神」來對待你的配偶，他或她會有什麼反應？你的孩子呢？人生中最令人感傷的事情之一，就是明知道有人愛你，卻很少真正感受到這份愛。透過在家中實踐這些原則，你可以把平凡的家庭時光，轉變成難忘的美好回憶。

◉ **老闆：**想要擁有一位很棒的老闆？那就先把你的老闆當成一個值得敬重的人來對待。用卓越的方式為他或她服務，長此以往，你會發現彼此的關係有所不同。如果你的努力仍然沒有帶來改變，那或許是時候換一個老闆了。

◉ **同事與團隊：**高效團隊是由高效成員組成的。總要有人先帶頭，為什麼不能是你呢？當你成為團隊中的「弗雷德」，你的行動將會正向影響其他人。

◉ **朋友與陌生人：**你做了哪些事情來豐富那些你認識或不認識的

人的生活呢？唯一比從親朋好友那裡體驗到「弗雷德精神」更令人感動的事，是從一位完全陌生的人那裡收到這份善意。那種經驗，會讓人重新相信：人性，的確有光亮的一面。

策略3：成為那個「改變」本身

只要稍作思考，你就能發現，在任何活動或事件中，你都可以做出不一樣的改變。然而，現代生活如此忙碌又充滿壓力，我們往往沒有時間停下來思考：「我如何能讓這件事變得更有價值？」

這意味著，我們必須在日程中預留一些時間，思考如何將普通的行動轉化為非凡的舉動。就像運動員在比賽前開會討論戰略一樣，我們也應該在每天開始前，先思考如何讓這一天過得更有意義。

一旦我們明白自己可以帶來哪些影響，接下來的挑戰，就是去成為那股改變的力量。真正的影響力，無法指望別人代替你完成，**唯有自己挺身而出，才有可能實現**。

那麼，今天，你會選擇帶來什麼樣的影響呢？

第 6 章

成功源自於人際關係

當你重視他人時，就會爲他們創造價值。

—— 約翰．麥斯威爾

有一天晚上，在我為一場銷售會議準備演講時，我發現自己和某家大型食品公司銷售副總裁有個共同點——我們都是「汽車狂熱者」。

「你有在看《AutoWeek》雜誌嗎？」他問道。

當時我對這本雜誌還不熟悉，但他告訴我它的內容與特色後，我心想，應該找時間訂閱一本來看看。

但這位汽車狂熱者搶先了一步。隔天早上，在我演講前，他遞給我一張從最新一期雜誌撕下來的訂閱卡。

這個小小的舉動讓我印象深刻。也因此，當我和朋友或客戶聊到某本書時，我會用類似的方式。如果我發現有一本他們還沒讀過的好書，我會直接訂一本送給他們，附上我的問候。這樣我們雙方都會感到滿足，同時也加深彼此的連結，拓展我們之間的對話內容。

對於一個簡單的關係建立行動來說，這可是一項不小的收穫！

成功是從一段段關係累積而來的

我們每天都會與數十人互動，其中許多只是短暫且難以留下印象的接觸。但弗雷德們不會把他人當作達成目的的工具，他們會把人際關係作為奠定成功的基礎。

他們明白，所有的結果，都是透過與他人的互動創造出來的。因此，他們主動學習社會心理學，了解穩固的人際關係能建立忠誠，是合作與團隊精神的根本。

最優秀的弗雷德們會建立自己的人際網絡，用來發揮自身的才能，無論是與顧客的一對一交流，還是在團隊內與同事協作，他們都會努力與他人和諧共事。

記住，一段關係的品質，與你投入的時間成正比。確保你把自己最寶貴的時間，分配給那些對你來說最重要的人際關係。

弗雷德們建立關係——就連三歲小孩也不例外

健康維護組織（Health Maintenance Organization，HMO）與優選醫

療組織（Preferred Provider Organization，PPO）等醫療保險計畫，對醫護人員所能提供的服務種類與範圍設有諸多限制。但即使在這樣的制度下，仍有一些卓越的醫療工作者，選擇聚焦於「他們可以做什麼」，而不是「他們不能做什麼」。在這個大家經常抱怨的產業裡，你或許不會期待能看到一位弗雷德的典範。

但丹（Dan），一位兒科診所的醫師助理，就是一位標準的弗雷德。試想，每天面對生病的孩子，會是什麼樣的挑戰？

有一天，我的妻子達拉帶著我們三歲的兒子杭特去診所做檢查，我們想確認他在祖父母家的茶几上摔了一跤，不知道有沒有傷到鼻子？當時，杭特正坐在地板上，丹一走進來就笑臉迎人，然後直接坐到地板上陪他。

杭特一邊吃著椒鹽脆餅，一邊用懷疑的眼神盯著他。丹問：「嘿，小兄弟，分我一塊好嗎？」像多數孩子一樣，杭特對看醫生的經驗早已有些防備，所以當丹伸手從袋子裡拿了一塊脆餅時，他瞬大了眼睛。

接著，我兒子的臉上突然綻放出一個大大的笑容。丹接著開始「互動」——用醫學術語來說是「建立關係」；正常說法是，他們開始玩了起來。他們打鬧、胡鬧，丹甚至還把杭特的鞋帶綁在一起。當杭特試圖起身走路時，果不其然跌了一跤。他樂壞了，笑得合不攏嘴。

幾分鐘的玩樂過後，丹順利地檢查了一位完全無壓力的小男孩。杭特甚至可能覺得自己根本不是在看醫生，而是來玩耍的。

丹非常清楚自己在做什麼，他不僅用最少的程序完成了檢查，還成功化解了一位三歲孩子的恐懼。

這就是弗雷德式關係建立的最高境界！

建立關係的「7B」原則

在這個科技驅動的世界中，人際關係的建立似乎成了一門失傳的藝術。大多數人從未正式學過如何建立關係，我們所學到的一切，多半來自觀察我們的榜樣，而非有意識的學習。

如果成長過程中有良好的榜樣，那我們算是幸運的；但如果沒有，那就太可惜了。

你想要改善自己在家庭與職場中的人際關係嗎？以下這些原則將對你大有幫助。

1. Be real.（真誠以對）

除了弗雷德卓越的客戶服務精神之外，他最令人印象深刻的地方就是他的獨特性。他就是他自己，毫不掩飾。我從來沒有覺得他刻意想讓我留下什麼好印象，也從未感覺他在扮演別人。

這正好與當今社會流行的格言「裝久了就是真的」（*Fake it until you make it*）背道而馳。這句話的本意，是鼓勵人們透過「扮演自己想成為的人」，最終成為那個人。但問題在於：你在過程中仍然是個「假貨」！

試試這個更健康的做法：盡你所能，做最真實的自己。當然，你可以追求成長、嘗試新事物、創造更多價值，但這些行動應該源自於你真正的信念、你真心投入的事，而不是扮演一個理想角色。

建立關係的前提是信任。最基本的信任，就是相信對方真的是他所呈現出來的那個人。

2. Be interested(not just interesting).（對他人感興趣，而不只是讓自己有趣）

引人注目的人或許能吸引注意力，但我相信，真正對他人感興趣的人，才能贏得對方的欣賞。

我第一次遇見弗雷德時，他馬上就自我介紹了，但整個對話的重點放在：他能怎麼幫助我、滿足我的需求。我立刻對弗雷德產生好感，不是因為他有趣（雖然後來我發現他真的挺有趣的），而是因為他展現出對我的真誠關注。如果當時他花時間向我吹噓自己是一位多麼優秀的郵差，事情的發展可能就完全不同了。

當你表現出想更了解他人的興趣時（不是出於病態的好奇，而是為了能更有效地幫助或服務對方），人們會因此感到受重視。我相信，真正欣賞我們所服務的對象，也會提升我們所能提供的服務價值。

3. Be a better listener.（做個更好的傾聽者）

當你真正關心他人，並且專心聆聽時，你會獲得許多寶貴的資訊，這將幫助你創造更高的價值。

舉例來說，認真聆聽你的上司說話，你可能會發現他非常不喜歡讀冗長的備忘錄。這時你就知道，下一次只要提供簡要摘要，就能改善你們之間的工作關係。又或者，在午餐時你問客戶一些有關她家庭的事情，結果你發現她十四歲的兒子正好有跟你孩子一樣的興趣。這時你主動提出分享相關資訊，不僅能創造價值，還能深化你們的關係。

當你努力去認識一個人，並主動尋求如何更好地服務他們的資訊，他們會感到被重視。你愈能理解並欣賞他們的需求，就愈能提供真正有價值的服務。

4. Be empathic.（具備同理心）

如果你對他人感興趣，並且透過傾聽真正了解他們，那麼你就更能理解他們的感受，這就是「同理心」。被理解是人類最深層的需求之一，但很多時候，即使是那些認識我們的人，也可能不在意我們的感受，或根本沒有花心思去理解我們真正的情緒。

兩千年前，一位智者斐羅（Philo Judaeus）曾說過一句話：「請善待他人。你遇到的每個人，都在打一場艱難的仗。」時至今日，這句話依然適用。這正是同理心的精髓。

5. Be honest.（誠實守信）

我可以用一句話來總結所有的商業策略：「說到做到。」

換句話說，不要做出你無法兌現的承諾；不要創造你無法滿足的期待；避免過度宣傳、過度保證。無論是作為個人、團隊還是組織，都要信守承諾。這就是誠信的體現。

6. Be helpful.（樂於助人）

小小的舉動，能帶來巨大的影響。無數個微小的善行，最終將會產生巨大的改變。

多年以前，我的一位朋友肯（Ken）教我一個對陌生人伸出援手的妙招：當你看到有人在為團體拍照，而他自己無法入鏡時，主動幫他們拍一張合影，這樣大家都能入鏡。

甚至只是幫人開門這樣的小舉動，也是一種弗雷德式的行為表現。所以記得保持禮貌——人們會記住你的。

7. Be prompt.（守時）

時間，是對多數人來說比金錢還要稀缺的資源。透過準時與高效率來幫助他人節省時間，本身就是一種極具價值的禮物。

超越表面的互動

來做個小測驗：你與他人互動的過程中，有多少比例是「交易式」（Transactional），而非「關係式」（Relational）？

所謂交易式互動，是指那些只專注在結果上的互動，有時甚至會犧牲人際關係來換取成果。這類重結果、輕關係的人，常被形容為「直接」（Direct）。他們專注於達成目標，可能會讓他人感到被利用，或覺得自己不被重視。

相較之下，關係式互動則強調：在達成結果的過程中，人與人之間的對待方式同樣重要。這類互動並不會忽略最終成果，但它認為「達成目標的方式」同樣重要。郵差弗雷德就是最好的例子，他的故事證明了「送信的方式」會影響收件人對這份郵件的感受。

當然，不是每一次互動都必須建立關係。有時情況緊急，或時間不允許，例如，在危機或火災現場，要讓群眾迅速疏散，就可能需要強硬、直接的指令。

吉米．巴菲特（Jimmy Buffett）曾說（這裡稍作改編）：「要當個好人，花的時間其實跟當個混蛋差不多。」

在大多數情況下，我們其實可以更像弗雷德，只要願意花一點點時間，把注意力放在互動中的關係層面上。展現對他人的關心與尊重，不需要額外付出多少時間或精力，但卻能產生巨大的價值，特別是對那些與我們共同努力、一起追求成功的人而言。

這正是建立關係的本質，無論是在商業環境還是個人生活中。

第 7 章

持續為他人創造價值

有兩種人終其一生都無法成就大事：
一種是那些不願做別人交代的事的人，
另一種是那些只做別人交代的事的人。

——安德魯・卡內基（Andrew Carnegie）

在中世紀，人們相信煉金術士——一種結合化學、哲學和魔法的實踐者——擁有將普通金屬轉化為黃金的能力。科學已經證明，把鐵變成黃金是不可能的。但大多數人還沒有發現的是，其實我們可以把最平凡的點子，轉化為極具價值的創意。

郵差弗雷德就是一位當代的煉金術士，而你也可以學習如何成為這樣的人。

有一次，一位成功的餐廳老闆被問到他的成功祕訣。他說，他曾在一家歐洲知名高級餐廳的廚房工作，從那裡學到了一個關鍵原則——無論是複雜的主菜，還是簡單的配菜，都要做到極致。

「如果你要賣炸薯條，」他說，「那就要確保它是世界上最好吃的炸薯條。」

弗雷德們不是創造全新的價值，就是在現有的工作中加入額外的價值。同時，他們也清楚，如果一件事無法為客戶或同事帶來價值，那麼這件事可能只是浪費時間和精力。

弗雷德們之所以能成功，靠的就是提出比競爭者更好的點子、產品與服務。他們不只是在嘴上說「附加價值」，他們是真正讓價值落實的人。

最優秀的弗雷德，擅長將平凡的產品、日常的工作職責或基礎服務轉化為不凡的體驗。他們是現實世界真正的鍊金術士，精通「創造價值」這門結合藝術與科學的技藝。

弗雷德們創造額外價值的方式，是做得比預期的更多，超越我們的期望——而且，大多數時候，他們並沒有因此獲得額外報酬。

我曾與一家致力於改善醫病關係的醫院合作，當中有一個簡單的點子產生了驚人的改變：當病人或訪客問路時，醫院員工不只是用說的來指引，而是親自帶領對方到目的地——特別是那些明顯感到困惑或不安的人。

無論是病患還是訪客，來到醫院時通常都感到迷茫或焦慮，有個人陪著走一段路，能幫他們減輕不必要的壓力。那家醫院的工作人員透過這樣的方式，為他人卸下負擔，也創造了額外的價值。

快速入門：如何創造價值

這是一本篇幅不長的小書，卻肩負著一項宏大的使命：幫助你活出遠超過你想像的生命意義！接下來的內容將介紹我想分享的一些重要觀念。你準備好學習如何成為對他人「極具價值的人」了嗎？方法如下：

1. 說實話

誠實似乎成了日益稀缺的資源。在市場上，我們已經習慣了別人告訴我們「他們認為我們想聽的」，而不是說實話。例如，當你詢問包裹的送達時間，客服人員可能會保證：「一定在明天早上送達。」結果整整一天過去了，你的包裹仍然沒半個影子。

說實話本應是基本，而不是一種「附加價值」的表現。一位哲學家曾說過，如果誠實不存在，遲早會有人發明它，因為它是致富的最佳方式。諷刺的是，誠實在當今社會變得如此罕見，以至於我們比以往更看重它的價值。

2. 展現人格魅力

我曾經在丹佛一家我最喜歡的義大利餐廳用餐，服務我的那位服務生人很好，但也沒有特別出色。

我注意到一位年長男士，在替客人加水時與他們聊得很愉快。當我結帳時，他走過來問我是否還需要加水。他的熱情非常真誠，他輕輕拍了拍我的肩膀，說了一句：「我們很高興你今天來用餐。」這句話，為這頓普通的晚餐畫下了一個不凡的句點。

我親身感受到所謂「人格魅力」的力量：當我們真誠且熱情地向他人展現自我時，會產生什麼樣的影響。這位男士將加水與閒聊變成了一門藝術，因為他把自己的個人風格融入其中。

3. 以藝術美感吸引人

你正在為你的產品或服務，加入什麼樣的藝術性巧思？也許只是一個獨特的簽名風格，也可能是一場關於包裝或設計的大幅改造。我們之所以會被吸引，不只是因為人的外表，還包括商品、服務、建築與所有形式的設計。

弗雷德們重視外觀，不是因為外觀比內容重要，而是因為外觀確實會影響價值感。如果一個有價值的東西，被以不吸引人的方式呈現，那麼它的價值就會下降。反之，如果我們讓它變得美觀，就能進一步提升它的價值。

4. 提前預測需求

這是「預見需求的力量」。你是否曾經租車、拿到前往目的地的指引，卻仍然迷路了？如果租車櫃台有人具備弗雷德式的思維，在你取車時就主動寫下自己的電話號碼，讓你萬一迷路可以直接用手機聯繫他，那是否是一個很棒的舉動？

又或者，當你知道鄰居下周要去渡假時，為什麼不主動提出幫他們收信或澆花？很多時候，人們在最後一刻才會想起這些小細節。但如果我們在對方還沒開口之前，就預先思考自己可以怎麼幫上忙，這種主動的體貼，能夠創造極高的價值。

5. 加點「好東西」

想想你目前的職位或角色，是否有什麼事物可以額外加入，讓你的團隊或客戶的體驗變得更愉快？

以下這些元素，不論你的產品、服務或工作內容是什麼，都能確實提升價值：

- **樂趣**：你可以做些什麼，讓對方的一天多一點快樂？有時候，只是一個好笑的笑話，就能讓人露出笑容，甚至整天心情都變好了。

我過去常在搭飛機時帶上一袋棒棒糖，分給小孩、空服員，或任何想吃點甜食的人。我也有幾位朋友會變簡單的魔術，有時只是為了逗人開心，有時甚至靠這招談成數十萬美元的生意。他們知道，加點「好東西」，像是樂趣，是多麼有力量的一件事。

◉ **熱情：**把熱情想成正面情緒與能量的結合（這不是科學定義或字典上的說法）。熱情可以讓平凡的事件、流程、服務或互動，變得不凡。

◉ **幽默感：**笑聲是療癒靈魂的良藥。有哪一種產品或服務不能受益於這一匙靈魂藥劑呢？即使你的產品或服務很嚴肅——例如對大多數人來說，收信是一件很認真的事——你也不必把自己看得太嚴肅。

6. 去除「壞東西」

什麼事最讓你惱火或煩躁呢？如果別人能夠敏銳地察覺到那些惱人之處，並盡其所能地減少或消除它們，不是很好嗎？這正是我所說的「去除壞東西」。

當然，一個人眼中的壞東西，對另一個人未必如此。因此重要的是，你所移除的內容，真的應該被移除。

那麼，對大多數人來說，常見的「壞東西」有哪些？以下是其中最令人頭痛的幾項：

◉**等待**：有誰喜歡等？幾乎沒有。雖然等待有助於我們培養耐性，但多數人早已獲得了超乎想像的「練習機會」。你是否很欣賞準時的人？當你的預約準時開始並準時結束時，你是否會感到高興？看到那些服務他人的人動作迅速、有時間觀念，是否讓你耳目一新？弗雷德們擅長減少甚至消除顧客與同事在等待上所浪費的時間。

◉**瑕疵**：沒錯，世上沒有完美，缺陷是自然的一部分。但當我們花錢買的是「正確」的東西，遇到瑕疵仍會讓人抓狂。比如說，當你興高采烈地等著新家具送到家，卻發現書桌的一端被運送人員粗心地刮花，心情會瞬間跌落谷底。弗雷德們會努力讓自己的工作與服務盡可能零瑕疵。

◉**錯誤：**如果說瑕疵發生在物品上，那錯誤則發生在流程中。當別人出錯，卻要你來承擔後果，實在令人沮喪。（例如：「對不起，女士，我們辦公室有人把您的申請書弄丟了，請您重新寄一份來。」）

想晉升為弗雷德，有一個非常有力的方法：解決不是你造成的問題。你沒聽錯，就是替人解決問題，即便你不是肇因。（例如：「很抱歉，女士，我們的處理部門弄丟了您的申請書。我可以直接透過電話幫您完成，以節省您的時間。」）

當個「找問題的人」稱不上什麼讚美，但世人喜愛的，是解決問題的人。弗雷德們會承擔責任，主動解決錯誤與問題——即使那不是他們造成的。

◉**惱怒與挫折：**你能真正消除別人心中這兩種負面情緒嗎？間接來說，是可以的。你可以開始幫助他們產生正面的感受。

有一次，我一直被某家保險公司的客服部門推來推去，最後氣得對我的主要聯絡人說，一旦保單到期，我絕不會再跟你們做生意！顯然他沒把我的話轉告出去。保單到期時，一位叫做特莉莎的女士打電話來詢問是否續約。我怒不可遏。

我質問她：「你們的客戶資料裡沒有寫到我對你們公司有多麼糟糕、惡劣的經驗嗎？你知道我之前和你們公司打交道時，有多憤怒、挫敗嗎？」特莉莎沉默了一下，然後說：「很抱歉，桑伯恩先生，我不知道您之前經歷過什麼。但我向您保證，如果您願意繼續和我們合作，我會親自負責您的帳戶，讓您再也不會失望。」我選擇留下來，而她也沒讓我失望。

弗雷德們會努力減少他人的煩躁與挫敗感，提升正面情緒的比重。

◉ **錯誤資訊**：要減少這類問題，能減少多少就減多少。如果你不知道某個問題的答案，就坦白說不知道。如果你不知道的理由有原因，至少要解釋為什麼不知道，並說明你能提供哪些正確的資訊。

雖然沒人喜歡壞消息，但還有比壞消息更糟的——那就是：聽到「看似好消息」卻根本不是真的。當我們從他人那裡聽來資訊、懷抱希望，最終卻被現實打碎，那種落差尤其刺痛。

弗雷德們不傳播錯誤資訊，他們在不知道答案時會誠實以對，並竭盡所能幫助你找到正確的答案。

7. 簡化流程

這又是一種極具代表性的「主動創造價值」：讓他人更容易從你這裡獲得所需。

消除繁文縟節與令人頭痛的官僚程序。當然，這並不表示你要違法或做不道德的事，而是要思考你所屬的系統運作方式。你知道事情是怎麼進行的，有哪些捷徑？身為內行人的你，知道什麼是外行人所不知道、但對他們會有幫助的。如果你想要為他人提供更大的幫助，請善用你的知識與專業，幫助他們理解那些看起來複雜又難以應付的情況。

假設你打電話到某家電腦製造商的客服中心，只因為你在安裝新電腦時完全摸不著頭緒，這時你會不會希望電話那頭接起來的是一位弗雷德？一位弗雷德很可能會先說：「我知道這一切看起來很混亂，但我會幫你快速搞定、順利啟用。」然後著手簡化整個問題。而一位非弗雷德的人，從對話內容到語氣可能就只是照本宣科、機械式應答，甚至語帶輕蔑。

8. 持續改進

所謂「改進」，意思是「讓原本的東西變得更好，將現有價值放大」。繼續做你一直在做的事，但把它做得比你以前做得更好。只要採取這個簡單的策略，別人自然會注意到你的不同。

一八六九年，亨氏（Heinz）食品公司創辦人亨氏（H. J. Heinz）提出一句話，精準地描繪了每一位弗雷德所追求的目標：「把平凡的事做到不平凡的水準。」

想想有哪些不平凡的事情，你能夠用不平凡的方式來完成？一封電子郵件裡，多寫一句話，是否就能讓資訊從「僅供參考」變成「真正有幫助」？你能不能讓你的電話應對更有風格？你是否能夠把一位打電話來抱怨的顧客，轉變成願意再次合作的忠實客戶，原因不只是你解決了問題，而是你處理問題的方式讓人印象深刻？

弗雷德們總是不斷尋找方法——無論大或小——來提升自己工作的品質，以及與他人互動的水準。

9. 帶來驚喜

在為我們兒子杭特舉辦三歲生日派對、招待了一大群小朋友與家長之後，我和太太已經精疲力盡。我們把所有東西裝上了休旅車（外婆也在車上），準備出去吃晚餐。

我們原本挑的兩家餐廳都得等很久，最後只好退而求其次，去了附近的一家柏金斯（Perkins）餐廳。這家店堪稱「普通」的典範：建築老舊、內裝過時、菜單也很基本。唯一出乎意料的，是他們的服務。

我們的服務生是一位年輕的女孩，態度非常親切。在幫我們點餐時，她注意到大人們一臉疲憊，還聽到杭特抱怨肚子餓。她承諾會盡快把餐點送上。幾分鐘後，她回來時，手上抱著一隻絨毛玩偶——是好奇猴喬治的小猴子。我兒子超愛好奇猴喬治。

她說：「我剛贏到這隻娃娃，自己留著也沒什麼用，想說你們家小朋友或許會喜歡。」

杭特收到這份意外的禮物，臉上立刻亮了起來。我們向她道謝，並告訴她今天是他的生日。

「那祝你生日快樂囉！」她說完就轉身去端餐點了。

食物還不錯，帳單也不算貴。但我留下的小費非常大方，而她完全值得這份回報（雖然我不認為她是為了小費才這麼做）。她的一個貼心舉動，讓我們全家都充滿了驚喜與好心情。

10. 帶來娛樂

「大家快過來，圍過來看，邊看邊學！」站在大理石桌後的年輕人高聲喊著。「我是軟糖之王！」接下來幾分鐘裡，他一邊講解，一邊用長長的攪拌槳製作新鮮的軟糖。香氣撲鼻，解說也很實用。但最吸引我們的，是這位「軟糖之王」的表演。

老實說，如果有人邀我去看軟糖怎麼做，我多半會拒絕。但這位「軟糖大師」知道一項所有弗雷德們都明白的人性原則：人們喜歡被娛樂。

我們在輕鬆娛樂的氛圍中會更專注、學得更快，也更願意投入。我說的不是那種無聊膚淺的娛樂，而是有目的的互動。軟糖之王之所以表演，是因為他想多賣些軟糖——而他也真的做到了。

去施展一點魔法吧

要成為一位鍊金術士，其實只需要每天平凡不過的時光與片刻作為原料。這些時間的價值，全取決於你如何使用它們。大多數人以為，要創造價值就得花錢，但弗雷德們知道，只要有一點想像力就夠了。

把你在本章中學到的技巧與原則實際應用出來吧。那麼，就像弗雷德一樣，你也將成為當代的鍊金術士，把日常生活中平凡的時刻，轉化為純金般珍貴的時光。

第8章

定期重塑自我

一位傷心的員工離開了任職多年的工作，
他大多數的工作日，都和前一天一樣無趣。
同事們不討厭他，但也不會想念他，
雖然薪水不錯，他的內心卻常覺得匱乏。
他總是只做自己份內的事，從不多做一點，
而且做起來也毫無樂趣可言。
他工作的方式，就跟他過日子的方式一樣：
一切照著老樣子，從不改變。

——馬克・桑伯恩

雖然並非所有改變都是好的，但保持不變也絕非全然是好事。正如那句老話所說：窠臼與墳墓的差別，只在於深度。

弗雷德們知道，生活中最令人振奮的事情之一就是：每天醒來，我們都擁有重新塑造自己的能力。無論昨天發生了什麼，今天都是全新的一天。我們不能否認那些掙扎與挫敗，但我們也不該被它們束縛。

你說你從來不是一位弗雷德？那已經是過去式了。那是昨天的事。今天你就可以開始踏上成為理想自己的旅程。如果你希望持續成長、持續向前，只要把握機會，重新塑造自我就行了。

你可以透過每天的行動——不論大小——來做到這一點，這些行動將展現出你對「全新、更好的自己」所做出的承諾。否則，在這個競爭激烈的世界中，你就可能會被遠遠拋在後頭。

讓自己成長，提升你的價值

提升自我價值的最佳方式，是讓自己成長。讓自己成為一塊吸收點子的海綿。花些時間認真思考你在做什麼、為什麼這麼做。我們常常像在自動駕駛模式下過日子，分不清「忙碌」與「成果」的差別。

你在個人層面成長愈多，就愈有東西可以與他人分享。把個人成長想像成你「重塑自我」的黏土。你擁有的黏土愈多，能創作出來的雕像就愈大、愈細緻。你學到的東西愈多——不是抽象的知識，而是實用的材料——你就擁有愈多可以塑造你人生藝術品的原料。

當你在心智、靈性與身體能力方面持續提升，你的整體格局也會隨之提升。而隨著你的成長，你也會與更多人、更多想法產生連結，使你得以成為一位創造價值的大師級工匠。

被「發自內心的理由」所引導

單靠驅策自己去重塑自我、追求卓越，其實幫助不大。「被驅使」這個說法，往往帶著一種不健康的強迫感——是因為「應該做」而去做，而不是「想要做」。以義務為出發點去行動，往往會削弱成為弗雷德的真正意義。

我的郵差弗雷德之所以工作表現傑出，是因為他樂在其中。我怎麼知道？從他臉上的笑容、整個人的態度就看得出來。他看起來完全是快樂的樣子。他是玩得開心，不是在遵守任何工作規定。

設定目標要讓自己在工作中更像弗雷德，本身不會讓你產生動力；但如果你有一個發自內心的理由——一種熱情或使命感——想成為更像弗雷德的人，那才會真正激發你的行動力。

所謂「發自內心的」可以有很多樣貌，例如：你對他人產生的正面影響、完成非凡工作的喜悅，或是成為他人的正面榜樣。無論你找到的是什麼理由，就讓它們把你最好的一面引導出來。

善用你的人生經驗

在人生中，你很可能看過、經歷過一些非凡的事情。雖然你不一定已經忘記它們，但你可能很少主動將它們帶入意識當中，並加以善用。

如果你想要重新塑造自我、為未來變得更好，花些時間回顧過去吧。你學到過哪些最重要的人生功課？你曾經渴望完成什麼，卻從未嘗試去做？有哪些人深刻地影響了你的一生？你從他們身上學到了什麼？你最欽佩誰？他們的哪些技能或特質，是你也希望擁有的？

買一本小筆記本，把這些問題的答案寫下來。也記錄你每天所觀察、所學到的事情。將那些常常被藏在你腦海中、原本極具價值的想法捕捉下來，並加以善用。

提升你的「IQ」

如果你只是有好點子，卻什麼也沒做，那還不夠。

你能不能成為一位弗雷德，取決於你的ＩＱ。別擔心，我說的不是愛因斯坦那種智商，我說的是「執行商數（Implementation Quotient）」。這裡的ＩＱ，代表的是：你有好點子，與你能否真正實踐之間的差距。

有多少好點子，因為你沒有採取行動或沒有堅持下去，而就此夭折？「知道你可以讓別人的一天變得更美好」與「你真的這麼做了」，這兩者之間可是天壤之別。

提升「執行商數」的一個方法是：當你有好想法時，把它們寫下來，然後列入你的每日待辦清單。有時我們之所以沒有行動，只是因為記性不好——而寫下來的東西，更容易記得，也更容易付諸實行。

持續超越最佳表現

好點子無所不在。觀察那些表現最好的人正在做些什麼。觀察、學習，然後調整與應用。

最後這句話是關鍵。如果你只是照抄其他優秀人士的做法，頂多只能做到跟他們一樣好。真正的關鍵在於「調整」：從各種來源汲取好點子，再加上你自己獨特的風格來加以「應用」。

你可以向世界上其他的弗雷德學習——那些在其他部門、其他組織、其他產業，甚至其他國家的弗雷德們。你觀察到的點子也許不能直接應用在你身上，但經過調整後，你不只是單純複製，而是能真正創新。

實踐「一天一件事」計畫

好消息是：你不需要每件事都做得非凡出色。如果你試著這麼做，大概早上還沒出門就已經精疲力盡了。

把平凡變得不凡，是一次一個行動累積起來的。所以如果你每天只做一件不凡的事，不管是在家或在工作上——一周七天，一年五十二周（就算在渡假也一樣），那麼你的人生，很快就會成為一本記錄著不凡行動的日誌。

每天一件不凡的小事不會讓人覺得壓力太大，這完全做得到。每天做幾十件？那不太現實。但一天一件？任何人都能辦到！先從你知道自己能做到的事開始。當你持續重塑自我後，就可以在「一天一件事」的基礎上再加碼。但就從一天一件事這個簡單的起頭開始，以建立習慣。

仔細想想，這其實只需要：

- ◉每天對親近的人說一句貼心的話，就能讓關係更深厚。
- ◉每天表現一次特別出色的工作成果，就能獲得主管正面的注意。
- ◉每天做一件意料之外的善舉，就可能讓某個人的人生出現正面的轉折。

隨著時間累積，「一天一件事」這個原則不僅會讓你的平凡生活轉變為非凡人生，也會為他人帶來同樣的改變。

和自己競爭

我們常常會拿自己和別人比較。我們想知道，自己和身邊的人相比表現得怎麼樣——是更好還是更差、更有能力還是更弱、更快還是更慢？這本身沒有什麼錯，但這種比較有時會讓人發瘋。

事實是，永遠會有人做得比你多，也會有人做得比你少。而「比較遊戲」更是可以透過選擇特定的對象或標準來操控結果。根據你選擇用誰來當比較基準，就能讓自己看起來優秀或不如人。

與其這樣，不如試著和自己比較、和自己競爭——這樣會更有成效，也更有趣。目標是要持續進步。重塑自我，就是一種正向的改變。拿你現在的位置，和你過去走過的路、你未來想前往的方向相比。

為自己「努力成為弗雷德」的行動建立一個基準點。持續記錄（而不是計算）你試著把哪些平凡的事變得不凡，以及這些行動帶來了什麼結果。接著，不斷尋找機會，讓你表現的水準更上一層樓。

漣漪效應

我剛在亞特蘭大的喬治亞巨蛋內對一群人發表完演講。當天的主辦單位是國際商業機器公司（International Business Machines Corporation，通稱 IBM），他們包下整個場地舉辦這場特別活動。聽眾是一百位極具創意的網站設計師，他們看起來都很喜歡我的演講。

在我和幾位觀眾交流完後，一名靠近球場入口的男子走向我。他伸出手說：「我是一位巴士司機。他們並沒有邀請我們聽你演講，但我還是站在後面聽講。我喜歡聽演講、學新點子。我想讓你知道，你真的鼓舞到我了。其實，我是一位發明家。」

「我發明了一種新的座墊，是給來體育場看比賽的人用的，就像這種場地。你剛才說的話我幾乎全都認同，你讓我更有動力繼續嘗試下去。」

那天，主辦單位對我的演講很滿意。但最令我感到收穫滿滿的，不是掌聲，也不是講師費，而是來自一位根本沒被邀請進場的人，他真誠而感激的回饋。

你有沒有可能其實也正在深深影響著他人，而你自己卻渾然不知？

我們應該意識到，我們所做事情的影響，不僅限於表層的直接結果，還有更多間接後果——像漣漪般向外擴散，影響到我們當下看不到的人。

你永遠不知道，誰正在觀察你、傾聽你。用莎士比亞的話說：我們的人生，就像舞台上的一場演出。弗雷德們從他們對「人生意義」的熱情中獲得滿足。他們之所以與眾不同，不是因為他們取得什麼成就，而是因為他們如何影響並觸動他人。

鮑伯．布瑞尼爾（Bob Briner）曾是 ProServe 公司總裁，也是多本書的作者，他用一生實踐了服務的精神。他的代表性作風，就是經常問客戶、朋友或同事一個問題：「我能怎麼為你效勞？」這不是客套話，而是他真正付出心力去實踐的行動。

在鮑伯因癌症辭世的前幾天，音樂人麥可．史密斯（Michael W. Smith）去探望他。儘管身體虛弱，鮑伯仍然努力擠出最後一句話：「我能怎麼為你效勞？」

鮑伯．布瑞尼爾是一位弗雷德。

不論是正式的領導者、創業者、員工、家人或朋友，弗雷德們都因為他們所樹立的榜樣而深深影響他人。他們的行動會帶來啟發，無論是直接的，還是間接的。而這，正是我認為我們應該持續重塑自我、追求更好的最佳理由之一。

Part 3

培養更多弗雷德

我家十分鐘路程內有兩間大型五金賣場，以價格低廉聞名。它們的商品種類令人驚嘆，但你在這些店裡獲得的服務非常普通。這就是我很少去那兩家店的原因。

同樣距離內，還有一家規模比較小的五金行，店面大概只有那兩家大賣場的四分之一大。雖然這家小店的價格也具競爭力，但我從不期望它的價格會是最低的。

但我不在乎——因為這間店裡的每條走道上都有弗雷德。

我對家居修繕一竅不通。與其說我需要灑水器的零件或水管墊圈，不如說我是在尋找解決家庭災難的方案。

當你走進這家小五金行，門口就有專業又熱心的員工。他們如果自己不清楚你的問題答案，也會知道哪一位同事清楚。他們不只是告訴你那個零件在哪裡——他們會直接帶你走到正確的貨架前。而且他們通常會問你幾個問題，確認你要買的東西是不是你真正需要的。

這家店就是個例子，說明當你讓一間組織裡充滿像弗雷德一樣的員工時，會發生什麼事。

或許這就是成功競爭的一個最佳祕訣：讓組織的每一個層級都擁有「弗雷德型」的員工。

那麼，該怎麼辦到呢？在這個員工流動率高、顧客忠誠度直線下滑的時代，培養弗雷德應該是每個企業的當務之急。若你的團隊中擁有像弗雷德一樣的成員與領導人，這間公司就能脫穎而出，成為真正非凡的組織。

所有組織都能獲得相同的資訊、顧問、訓練、薪酬制度、獎勵與福利。那為什麼有些公司能飛黃騰達，而有些則一敗塗地？關鍵不在於那些制度——流程、功能或架構——而在於人。缺乏熱情的人，很少能做出富有熱情的工作。

有熱情的人不一樣，他們能把平凡的事做到不凡。即使他們的某些想法只是中等水準，也依然實用。

顧客不是跟一間公司建立關係——他們是與「個人」建立關係。有熱情的員工——無論是業務、技術人員或客服代表——會持續展現出他們對顧客的承諾。他們以實際行動表現出對工作的熱情。因此，弗雷德們的成就常常遠超那些無精打采的同事，而且更能在資源有限的情況下迎接挑戰。

毫不意外地，弗雷德們普遍也比較快樂，因為做好工作會讓人感覺良好，而做出卓越表現的人會感覺……特別非凡。成就感，是滿足感的重要來源。

那麼，要怎麼培養出弗雷德？接下來的四章將會詳細說明：

F——Find（發掘）

R——Reward（獎勵）

E——Educate（培育）

D——Demonstrate（示範）

簡單嗎？是的。

容易嗎？非也。

但誰說要成為非凡的人，或要發掘並培養非凡的人，會是一件容易的事呢？

第9章

發掘

有一種東西比能力更稀有、
更珍貴——那就是辨識能力的能力。

——阿爾伯特・哈伯德（Elbert Hubbard）

弗雷德是天生的，還是後天培養出來的？

當然，有些人天生就傾向成為弗雷德型的人。也有人一開始不是這樣，但隨著時間學會了這種特質。還有些人則是結合自身原有的傾向，再加上刻意的努力，讓自己變得更接近弗雷德。

無論哪一種情況，你吸引到的弗雷德愈多，團隊或組織的成功機率就愈高。在我說明如何幫助他人變得更像弗雷德之前，我們先來看看：該如何發掘那些已經存在的弗雷德？

以下是三種基本的尋找方式，適用於你的組織內部或外部。

1. 讓他們自己找上門來

你的組織，是不是一個會吸引弗雷德的「磁場」？如果你真的希望公司成為一流企業，那它就必須成為一個會吸引弗雷德主動投靠的地方。

《天才老闆與偉大員工》（*The Gifted Boss*）的作者戴爾・道頓（Dale Dauten）曾說，人們希望為那些能給予他們「改變」與「機會」的公司與主管效力。「改變」，指的是有機會進入一個能夠認可、獎勵、鼓勵並重視弗雷德特質的公司。「機會」，則是讓人能夠成為比自己過去更好的版本。

這些，正是多數弗雷德們所渴望與追求的。

但問題在這裡：如果你的公司裡現在沒有幾位真正在為顧客創造卓越價值的「活生生的弗雷德」，那你的組織就不會被視為值得加入的熱點。

如果你的員工每天結束工作時，沒辦法跟家人朋友熱情地說起「我在一間多棒的公司上班」，那你別指望會有一大批弗雷德型人才透過口耳相傳主動來投履歷。

有時候，你可以在自己組織內的其他部門「挖掘」到優秀人才。他們可能因為受到目前主管或工作環境的壓抑，正在尋找一個能「發展與表現」的空間——一個能培養能力並真正大顯身手的舞台。

讓你的部門成為一片弗雷德綠洲。許多優秀的部門主管曾告訴我：他們最好的團隊成員，往往是從其他部門「被忽視」的人才中發掘出來的。

2. 發掘沉睡的弗雷德

找到弗雷德，往往不比發掘你身邊同事的潛藏才華還要困難。你還記得企業大量裁員的那段時間嗎？當然，有些裁員是必要的，但我始終覺得，其中很多只是圖個「快速解決」。許多主管認為，解雇員工比挖掘他們的才能還要容易。但如果他們當時願意花時間去發掘那些員工可能貢獻的價值，來證明他們在組織中的存在意義，事情又會不會不同呢？

許多員工其實本來就具備把平凡事情做到不凡的潛力，但沒有人知道要怎麼「扣下扳機」（當然這是比喻說法），讓這股潛力釋放出來。

發掘人才，有時候其實只是「揭開表面」而已。當你願意用時間——這最珍貴的資源——去信任你的員工，讓他們展現才華，你就會發現，你的組織裡其實有不少弗雷德。

那麼，有什麼技巧或方法可以幫助你辨認潛在的弗雷德嗎？理論上，每個人都可能擁有把平凡變不凡的潛力。但我這裡所說的人，是那些本身就已經有這種傾向的人。

最實用的建議是：請多留意觀察。注意那些做事時充滿創意或巧思的人（這裡說的「風格」並不是炫耀或刻意引人注意）。一個完成得出色的專案、一場優雅有品味的客戶會議，或是一個聰明的建議，都可能是你面前正站著一位「沉睡的弗雷德」的線索。

3. 招募弗雷德

當你已經將組織內潛在的「弗雷德資源池」發掘殆盡後，下一步就是：學會如何在面試中辨識潛在的弗雷德。

以下是你可以問求職者的一些問題：

- 你心目中的英雄是誰？為什麼？
- 為什麼有人願意做超過自己本分的事？

◉請說出三件你認為能讓顧客／客戶／消費者感到驚喜的事。

◉作為顧客，你遇過最棒的一次體驗是什麼？

◉在你看來，什麼是「服務」？

同時，你也可以問自己以下幾個問題，來判斷對方是不是一位潛在的弗雷德：

◉我對這個人印象最深的是什麼？

◉他／她做過最不尋常、最特別的一件事是什麼？

◉如果他／她離開現在的職位，大家會有多不捨？

組建你的弗雷德團隊

你認為下列哪一種組合最理想？

（a）一支由弗雷德領導的普通團隊？

（b）一支由普通領導者帶領的弗雷德團隊？

好吧，這其實是一道陷阱題！至少對我來說，答案是：「以上皆非」。我想要的是——一支由弗雷德領導的弗雷德團隊。

唯有當領導者與團隊成員共享相同的價值觀與承諾時，一個組織才能真正發揮出「弗雷德因子」的最大潛力。

在市場上，其實有很多像弗雷德這樣的人才。挑戰在於——你能不能找到他們。而解方是：發掘他們、吸引他們、雇用他們。這三件事需要運用略有不同的策略，但彼此之間是互補的。只要你持續實踐，最終就能建立出一支邁向勝利的弗雷德團隊。

第 10 章

獎勵

一個人若無法讓他人富足，就不可能真正致富。

——安德魯．卡內基

麥可・勒巴夫博士（Dr. Michael LeBoeuf）在他那本頗具洞見的著作《世界上最偉大的管理原則》（*The Greatest Management Principle in the World*）中，用一句話精闢地總結了這個概念：

> 我們不會得到我們「希望的行爲」、「哀求來的行爲」、或「命令而來的行爲」——我們能得到的，是我們「所獎勵的行爲」。

勒伯夫博士也進一步說明：關鍵在於獎勵正確的行為，並使用正確的獎勵方式。以下是一個展現這個道理的故事。

亞特蘭大的清潔工

這個既具啟發性又動人的故事，是由《橡實原則》（*The Acorn Principle*）一書的作者，同時也是Cathcart Institute創辦人暨執行長的吉姆·卡斯卡特告訴我的：

幾年前，我在喬治亞州亞特蘭大的機場轉機。在航廈之間的美食廣場，我停下來想吃點小點心當早餐，但眼前是數以千計同樣在覓食的旅客。整個地方人山人海！每張桌子旁都站著人，等著第一時間搶座位。

當我邊喝咖啡邊啃鬆餅時，我注意到有一名清潔工在整理桌面。

他的身形頹駝，臉上滿是疲倦與沮喪。他拖著沉重步伐在各桌之間移動，收拾垃圾、擦拭桌面，完全不與任何人眼神接觸。看著他那模樣，我自己也開始覺得難過起來。

我在情緒中突然意識到：「總得有人做點什麼。」於是我便自己行動了。

我把餐盤垃圾收好，走向那位清潔工，輕輕拍了拍他的肩膀（他反應好像被人抓包一樣地退了一下）。

我對他說：「你在做的事情眞的很重要。」

他一臉疑惑：「嗯？」

我重複了一次，然後補充說：「如果沒有你做這些事，不到五分鐘，這裡就會滿地垃圾，人們也不會想再來了。你做的事情很重要，我只是想說聲謝謝你。」

接著我就離開了。

他整個人像是被雷打到一樣震驚（也許從來沒有人這樣對他說過話）。我才走出不到十步，再回頭看他。我敢說，在那短短幾秒內，他整整高了六英吋！

他站得更直，臉上幾乎帶著笑意，甚至開始敢與人四目相對了。他並沒有立刻變成「服務超人」，滿場散播歡樂——他只是工作起來更有精神，看起來不再那麼沮喪了。

整件事放在世界大局裡看起來微不足道。我的一句話並沒有改變世界……但或許，它眞的改變了點什麼。我只是指出了他的行爲對他人造成的影響，便賦予了這份工作一點尊嚴。我的一個小小肯定，讓他開始以更正面的眼光看待自己在這個角色裡的價值。

我很喜歡吉姆的這段故事（順帶一提，他在這件事裡表現得就像一位真正的弗雷德），因為它展現了一個重要原則：當你無法從自己所做的事裡看見意義，你就很難為它帶來價值。

吉姆幫助那位清潔工看見了他在更大格局中的重要性。但事情還不只如此。那天工作時間內，這位清潔工可能接觸了數百位旅客——而那些旅客也正要前往不同的地方，與更多人互動。這位清潔工因為被肯定而提升的自我價值感，很可能也「感染」了他周圍的人，並將這股正能量擴散到更遠的地方。

這正是「弗雷德因子」真正發揮作用時會出現的景象：即使是

最微小的善意，也能讓世界變得更美好。

動機同樣重要

對於一位弗雷德而言，肯定他的「好意」與「優異成果」一樣重要。雖然沒有人喜歡失敗，但讓員工知道：他們若勇於嘗試做對的事，就算沒有成功，也會被肯定，而不是受懲罰，這一點更加重要。

畢竟，沒有人每次都能打出全壘打。（事實上，全壘打打者的三振率通常還高於其他打者。）當人們覺得自己的努力不被重視時，他們就會停止嘗試。而放棄的那一刻，創新也隨之死去。

執行你的獎勵策略

好好檢視你所在的組織，或是你能發揮影響力的部門。獎勵他人其實並不困難，你只需要持之以恆地做到以下幾點：

- 讓團隊成員明白，他們正在做出重要貢獻，或具備做出貢獻的能力。
- 明確告訴他們，他們的努力帶來了什麼改變。記得要具體！舉例來說：產能提升、銷售成長、新人錄用、外部表揚、有建設性的建議、提高士氣與熱情等——任何與成果相關的項目都算。
- 正向回饋應該成為常態，而不是例外。

◉設計一項獎勵，可以是獎盃、獎牌，甚至是一筆小額獎金。別讓獎品的金額過高，免得看起來像是「賄賂弗雷德」。有趣味性地頒發實質獎勵，會是一件有感染力的事。如果同時有好幾個人值得表揚，不妨一個月頒發多個「弗雷德獎」。

◉讓組織中的高層（執行長、總裁、主管）親自表達感謝與肯定。請他們寫張簡短的感謝卡，或打一通電話，讓員工知道：他們的貢獻有被看見、被欣賞。

牢記這個獎勵公式，並經常應用：表揚貢獻→強化其正面影響→重複以上行為。

別忘了，真誠的稱讚是一種極好的獎勵方式，無論是公開或私下、口頭或書面。尤其是對那些「勇於嘗試」的人，讓他們知道你有看見他們的努力，是最珍貴的回報之一。

第11章

培育

你愈是聰明，該學的東西就愈多。

——唐・希洛德（Don Herold）

回顧你所屬的組織中，員工或部屬們接受的教育與訓練內容時，不妨思考：到底都教了些什麼？教得又如何？

如果人們只學到一些平凡的課題與技能，他們就只能做出平凡的表現。而如今，世界上每一個組織都應該教導員工如何成為非凡之人。

一般來說，經理人與領導者們普遍都認同我在本書中所提的理念——至少，他們聲稱認同。但奇怪的是，我很少看到有經理人或組織實際試著教導《弗雷德因子》中所蘊含的原則與行動準則。

《弗雷德因子》的其中一大精神，就是「把樂趣帶入工作」。這不僅能讓工作者本身覺得有趣和動力，也會讓顧客與同事同樣感受到活力與熱情。基於這份趣味精神，你甚至可以把本章暱稱為「弗雷德培育（Freducation）」。當然，這麼一來會打亂本章節使用的F.R.E.D.四字縮寫結構，不過我真正想建議的是：有意識地去教導人們如何像弗雷德一樣去思考、去行動。

而這麼做，會帶來一個意想不到的好處：它不僅能讓你成為一位更好的主管或領導者，甚至能讓你成為一個更好的人。在這過程中，你自己也會提升你的「弗雷德培育」水準——也就是你的能力組合與實踐技巧。

以下是具體的做法。

1. 到處找例子

你在渡假時最常注意到什麼？如果你是攝影師，你很可能會對各種拍照機會特別敏銳。如果你是音樂人，你大概會特別留意當地播放或現場演奏的音樂。

我想表達的重點是：你的興趣會引導你的注意力。

當你愈來愈關注於在自己與他人身上發展「不凡的藝術」時，你就會開始看到愈來愈多的例子。你不僅會注意到那些把小事做到極致的人，也會注意到那些花額外心思追求卓越的個體。同時，你也會發現「反面教材」——讓你心想：「這就是一個很棒的『不要這麼做』的示範！」

請把你看到的點子與例子記錄下來。如果是從閱讀中發現的，就畫線標註；如果是數位內容，就加書籤收藏。把這些例子集中放進一個「弗雷德資料夾」中，不久之後，你就會擁有一份極具價值的訓練教材，因為這些例子都是真實且自然的。沒什麼比真實經歷，或是從現實事件間接學到的啟發，更能激勵人心了。

鼓勵你的團隊成員也一起蒐集例子。可以在每次會議的開頭或結尾問：「有人要分享弗雷德的例子嗎？」可以設計成一個輕鬆的競賽，搭配象徵性的小獎品。甚至可以張貼「本周弗雷德榜」，讓更多人看見與參與。

2. 拆解與回顧

通常，一個正向改變若沒有經過理解與分析，是無法長久維持的。就算是最棒的例子，也可能因為我們沒有花時間好好思考其背後的原理，而讓影響力打折。

「拆解與回顧」能幫助你完成以下四件事：

1. 找出這個例子背後的具體好點子。
2. 思考如何把它調整為適合你自身情境的做法。
3. 思考如何把這個點子做得更好。
4. 找出可實際運用的機會與時機。

這個過程看起來像這樣：

- 好點子是什麼？

這件事讓你有什麼感覺？它哪裡「很棒」？或哪裡值得當成反面教材？這個例子的「核心想法」是什麼？

- 如何調整成適合你的版本？

這個點子適合你使用嗎？怎麼樣才能適合你？你需要改變什麼，或多做些什麼，才能從中獲益？

- 怎麼讓它變得更好？

有什麼做法能讓這個點子再升級？你會怎麼改？怎麼做，才能讓顧客或客戶感受到更大的價值？

- 有哪些應用機會？

你什麼時候可以使用這個點子？用在什麼地方？對哪些人？你打算什麼時候開始實施？

3. 傳授「創造奇蹟」

我的朋友，同時也是演說家的唐．哈特森（Don Hutson），對於個人與組織偶爾能為他人創造「奇蹟般」的回應或行動，有一個深刻的觀察。他會問：「這些奇蹟通常什麼時候發生？」

答案是：**當危機發生的時候**。

沒錯，沒有什麼比危機更能激起我們的注意與潛能，讓我們發揮超越平常的表現。但這不是重點。唐真正想說的是：別等到危機才行動！你應該要把「創造奇蹟」變成日常的習慣。

唐的結論很準確：這些奇蹟多半來自一位有同理心、有愛心的人——而這樣的描述，剛好就是真正理解「弗雷德因子」的人所具備的特質。

你是否期望自己經常創造奇蹟？還是你只會在緊急情況下，才「不得不」做出超凡表現？把「弗雷德因子」當作一種「日常創造奇蹟」的方式來傳授。（奇蹟的大小不重要，頻率才重要。）

4. 要「吸引」，而不是「推動」

你不能強迫某人成為一位弗雷德，也不能命令某人去實踐「弗雷德因子」的精神。你當然可以試著這麼做——但不會有效。「命令與控制」這種方式，會徹底破壞「弗雷德因子」的精神。因為「弗雷德因子」講的是自發性的機會，而不是被迫的義務。那麼，你可以做什麼呢？

你可以邀請他們加入你。換句話說：用「吸引」的，而不是「推動」。用你的熱情與投入來帶動他人，鼓勵他們參與及實踐。你能在組織中推廣「弗雷德因子」的最強工具，就是——你自己的行為。以身作則，以及運用你對他人的影響力。

最好的「弗雷德教育者」（Freducators），本身就是弗雷德。他們用這套價值觀與行動原則來教導、培養與發展他人。畢竟，正如約翰·麥斯威爾所說：「你教的是你所知道的，但你複製出來的，是你這個人。」

第 12 章

示範

用你的生命來講道，比用嘴巴來講更有力量。

——奥利佛．戈德史密斯（Oliver Goldsmith）

你是否有一位朋友或熟人，他或她光是透過以自己為榜樣，就足以啟發你？

我有一位朋友住在我與妻子常去探親的城市。他是「南方紳士」的最佳典範。他是一位非常成功的企業家，品味卓越，不僅自己開飛機、還住在一棟布置精緻的豪宅裡，生活條件令人印象深刻。但儘管擁有這些外在的成就，他卻是個極其謙遜、真誠的人。

每當我去到他的城市，我總會特地與他共進午餐。而只要他知道我要來，他一定會問我一句話：「你來的這段時間，有什麼我可以幫忙的嗎？」

這不正是全世界的弗雷德們——無論是公開或默默地——總會問身邊人、或他們所服務對象的核心問句嗎？

有些人也許會表面上問這句話，但我從這位朋友的品格與行為中可以確定：他是完全真摯的。如果我說需要一輛車代步，我敢肯定，他不是親自借我他的車，就是幫我找到一輛可借的車。因為他就是這樣的人。

但他不僅如此，他不只是願意付出、讓我的造訪更愉快——他還讓我產生了效法的動力，讓我想成為像他那樣的人。他從沒主動指導我如何服務他人、如何變得更像弗雷德，但他卻比我認識的任何人都更能讓我從心底生出「我也想這麼做」的渴望。

他是以自己為人生榜樣來激勵我。

神奇的問題

你可以做些什麼來樹立榜樣，啟發你的員工更好地服務顧客、供應商與同事？以下是四個簡單的建議：

1. 啟發他人，而不是讓人卻步

每當我在演講中分享郵差弗雷德的故事時，我最喜歡的觀眾反應是這樣的：「好酷喔！我也可以做到這件事！」

如果弗雷德讓人感覺像是超人、或天生卓越，那他就不會啟發人——他會讓人感到壓力。弗雷德之所以能啟發像你我這樣的人，是因為他就是個「平凡的人，做著不平凡的事」。

你所樹立的榜樣，也應該是貼近生活、可實踐的。如果你看起來像是天生就具備卓越基因，其他人若覺得自己沒有這種「特殊DNA」，那他們很可能就會放棄嘗試。

2. 讓他人參與其中

這裡有一個你可以考慮的「激進」點子：「弗雷德小隊」。沒有哪條規則說，團隊不能運用或從「弗雷德因子」中受益。

很多年前，我有一個朋友發現某個家庭無法負擔豐盛的感恩節大餐，於是他買齊了所有食材，並在節日前一天親自送到他們家中。隔年的感恩節，他邀請我一起參與這樣的善舉。這是一件很棒的事，從那之後，我也開始邀請其他人一起做類似的事。

這就是「參與」的力量。它遠比單純的建議或請求來得有效。那麼，你能做些什麼，來讓他人也一起參與這種有意義的「弗雷德行動」呢？

3. 主動出擊，不要等待

不要等待「正確時機」出現——因為它永遠不會來。不要等別人先開頭——或許會有人主動，但也很可能不會。不要等「完美機會」降臨——把握一個眼前的機會，然後盡你所能讓它變得完美。

你可以為組織中的「非凡表現」定立步調，但只有在你願意主動時，這才會發生。這表示你要行動，而且是大膽地、迅速地行動。你的動機可以謙遜，但你的榜樣不需低調。

別為了被表揚而表現得像弗雷德——而是為了激起他人的參與。當你主動發起，你就是那個能讓他人燃起熱情的火花。

4. 即興發揮

如果我要給你一份最能體現「弗雷德因子」的家庭作業，那可能是：去看一場即興喜劇表演。即興表演最迷人的地方在於，它證明了幾乎任何情境、狀況都能變得有趣。

就像人生一樣，決定結果的不是情境本身，而是參與其中的人。接受人生給你的一切。你之所以能成為正面的榜樣，可能不是因為你的處境好，而是儘管處境艱難，你仍舊做出榜樣。

你可能正處於這世上最沒有前途的工作，但這不應該阻止你重新定義自己，甚至重新定義你的工作。在你即興嘗試的過程中——不斷嘗試、看看什麼行得通——你或許會改善你的工作（或是你的關係、處境）。就算沒有，至少你不會感到無聊！

別再相信那句荒謬的話：「能做人的去做，不能做人的去教。」這句話不但侮辱了眾多教育與訓練專業者，而且幾乎完全錯誤。真正的情況是：「做得最好的人，教得也最好。」那些能用自己的生命來示範道理的人，往往能對他人產生最深遠的影響。

當懂得的人能夠「展現」所知，學習的人才真正有機會「成長」。這正是「弗雷德培育」的真正精神。

去散播弗雷德精神吧！

現在，我相信你已經確信：你也想成為一位弗雷德。那麼，以下還有三種方式，能幫助你讓這個世界變得充滿更多弗雷德：

1. 認出你生命中的那些「弗雷德」

回顧你的過往人生，有哪些人曾是你生命中的弗雷德？是那些親戚、老師、牧師、朋友，還是其他人？是誰對你產生過最深遠的影響？也可能是昨天在工作上遇到的某個人。

不論是誰、在什麼時候——千萬別輕忽別人為你所做過的那些不平凡的事。

2. 向這些弗雷德表達感謝

當你意識到有哪些人曾是你生命中的弗雷德，請主動騰出時間讓他們知道：你非常感激他們的付出。你可以寫封信或卡片給他們；寄份小禮物；寫篇文章或投稿給報紙的讀者來信專欄——並記得寄副本給這些弗雷德們；你甚至可以提名他們參加「弗雷德獎」（詳情請見 www.fredfactor.com）。

讓他們知道，他們是被看見、被珍惜的。

3. 回饋這些弗雷德

唯一比「表達感謝」更好的事，就是——用行動來回報。選擇做一件不平凡的事，然後把它獻給一位曾啟發過你的人。最好的回報方式，就像同名電影與暢銷書所說的那樣：「讓愛傳出去。」（Pay it forward.）

郵差弗雷德早就啟動了一場連鎖反應，從我開始，也從他的顧客開始。隨著我分享他的故事，這股影響已經傳遞給數百、甚至數千人。但想一想：當初又是誰在他生命中，曾對他產生過正面影響？這場連鎖反應，在他開始因送信走進我門廊之前，就已經悄悄展開了。

運用弗雷德的精神，無法治癒感冒、也無法帶來世界和平，但它能溫暖許多人的生命，並為你所處的世界帶來一份平靜與美好。你不覺得，能教導他人如何「將平凡變得非凡」，是一件多棒的事嗎？

Part 4

因弗雷德而起

第 13 章

今日的弗雷德

重複的行爲造就了我們。
因此，卓越不是單一的舉動，而是一種習慣。

——亞里斯多德（Aristotle）

弗雷德．謝伊於二〇一三年七月三日退休，但在本書初版上市後的許多年裡，他依然持續以非凡的態度送信。如今，他繼續在愛護家人、幫助他人、活出非凡榜樣的道路上，表現得一樣卓越。

美國郵政署曾舉行一場特別的表揚儀式，表彰弗雷德多年的服務。而我有幸受邀在這場活動中向弗雷德的同事們發表演說。

弗雷德與他的妻子凱西以及其他家人一同出席。他的同事們對他深感驕傲，對他所獲得的榮譽感到與有榮焉。多年來，我一直在向各地的聽眾講述弗雷德的故事，因此能親眼看到他終於從雇主那裡獲得應得的正式表揚，令我非常欣慰。他過去一直受到客戶的高度讚賞，現在也獲得了官方的肯定。

丹佛當地的一家電視台前來採訪，晚間新聞特別播出了一段報導。鏡頭拍到他在郵遞路線上送信的畫面，也收錄了幾位「客戶」的簡短訪談——毫無例外地，他們都表達了對弗雷德的敬佩與感激。

電視播出後，觀眾才知道我就是講述《弗雷德因子》故事、撰寫這本書的人。隨之而來，我收到不少電話與電子郵件，話題都圍繞著同一個主題：「我也認識弗雷德，你說得沒錯，他真的很了不起！」

有一位住在弗雷德遞送區域的女士打電話來分享她的故事：

她多年來一直獨自在華盛頓公園撫養女兒長大，作爲單親媽媽，她與女兒共同度過了無數日子，而這些年來送信的都是弗雷德。某天，她的母親來城裡探訪。正如有時會發生的那樣，外婆對女兒的教養方式頗有微詞，並毫不保留地表達出來。這讓她心情大受影響。那天當弗雷德走上門廊送信時，她覺得與他熟識、信任，便忍不住向他傾訴了一番。

弗雷德聽完後，立刻堅定地說道：「我一路看著妳把女兒從小女孩拉拔成一位成熟的女性，妳是一位很棒的媽媽！她現在表現得非常好，妳一點都不需要自責，妳應該爲自己感到驕傲。」

那幾句溫暖的話語，徹底改變了她那天的心情。原本情緒低落的她，因爲一位值得信任的郵差送上的鼓勵，瞬間從「糟透了」變成「好極了」。

對弗雷德而言，這位女士不只是個「客戶」。多年來，他們建立起一份友誼，讓她在脆弱的時刻，能安心敞開心扉。而當她需要一個旁觀者的肯定與理解時，弗雷德也在那裡，給了她重新看見自己的角度。

我後來也了解了更多關於弗雷德的背景。他從八歲開始學音樂，年輕時曾是一支樂隊的鼓手，也是在一次表演中遇見了凱西。因為對音樂的熱愛，弗雷德的其中一項嗜好是翻修鼓組，然後捐給學校的音樂班使用。

有一次，附近一所學校的樂隊老師打電話來求助，說他手下的鼓手們正大量「流失」。弗雷德一聽就知道問題出在哪裡：學生們只能打小鼓，打久了自然覺得無聊。

於是，弗雷德決定開始翻修鼓組。他每周三天、每次兩小時，到學校陪伴學生練鼓，提供他們真正的爵士鼓組練習。

畢竟他是弗雷德，又有什麼好意外的呢？

為什麼弗雷德是弗雷德？

現在你已經知道弗雷德做了什麼，以及他是怎麼做的，接下來你需要知道的是——為什麼。

這麼多年來，我一直認識弗雷德，但卻從未問過他一個也許最關鍵的問題：「你為什麼要這樣做？」他作為一位郵差的卓越表現，既沒有讓他致富，也沒有讓他出名。

所以我親自問了他這個問題。他的回答言簡意賅，但也深思熟慮。弗雷德是一位對人生極具目的感的人。他了解自己，也清楚自己的動力來源。以下是他告訴我，驅使他成為一位「弗雷德」的動機摘要：

1. 讓自己感覺良好

「我每天都需要對自己有好感，照顧別人讓我有這種感覺。」弗雷德說。弗雷德發現了這個祕密：當你為他人做好事時，你自己也會感到快樂。把快樂當作目的本身並不管用。正如哲學家與神學家幾世紀以來所說的那樣——服務他人不僅是正確的事，更是讓人滿足的事。

2. 最棒的人從不懈怠

弗雷德繼續說道：「我是自己最嚴格的批評者。別人說我有點完美主義傾向，但我每天都有極大的驅動力，想盡可能完成最多的事。我會照顧那些甚至不知道我為他們做了什麼的人。

不過，就算別人不知道，我自己也知道。所以我對自己的承諾，就是要做到最好。而你知道嗎？其實，我做的這些事情，並不需要太多額外時間或精力。」

弗雷德是心懷善意又全力以赴的典範。如果他只是個完美主義者，或許就不會對人產生如此正面的影響。但重點是：弗雷德既在意把工作做好，也在意他所服務的人。這，就是關鍵差異所在。

3. 把顧客與他人當作朋友

沒有人會否認，弗雷德提供的是世界級的服務。諷刺的是，他之所以能做到這一點，正是因為他並不把自己做的事當成「顧客服務」。

「我希望每天回到家時，都能覺得我有確實照顧好所有人，」弗雷德說。「我沒有把他們當作郵政服務的客戶，而是那些把我當朋友、感謝我讓他們的生活輕鬆一點的人。」

在遞送郵件的過程中，弗雷德會幫忙把卡在門縫裡的廣告移開、撿起散落在走道上的報紙，甚至還會把回收箱移到比較不顯眼的地方。這樣一來，郵件客戶家的外觀看起來更整潔，而潛在的小偷或惡作劇者也比較不會發現屋主不在家。

「你可以說我就是自己社區的守望相助隊吧！」弗雷德笑說。

4. 影響他人本身就是最好的回報

你可能會以為，弗雷德至少希望能得到一些表揚或認可。但他不是那樣的人。談到這本書與他所獲得的關注時，弗雷德說：「我很受寵若驚。」

他從未尋求認可或讚美。他所做、以及仍在做的這一切，只因為他覺得這是正確的事。你我或許不會對他因為傑出服務而受到肯定感到驚訝，但弗雷德自己會。對他來說，那些獎勵與讚美只是「蛋糕上的糖霜」，而真正的蛋糕，則是把工作做到最好、並且為他人付出。

「讓人微笑，其實不用花太多時間。如果我能讓我路線上的某個人笑起來，那就是我最好的回報。」弗雷德說道。

5. 活出黃金法則

弗雷德注意到，他對待生活的方式，在今天的社會並不算普遍。

「我看到我們的文化裡充滿了『我、我、我』。而我選擇的是，讓別人少擔心一點事情。對我來說，就是這麼簡單：活出黃金法則——**用我希望被對待的方式對待他人**。」

6. 無懼任何事，除了浪費當下

我問弗雷德：「你想給本書讀者的最後一個建議是什麼？」

他毫不遲疑地回答：「把每天都當成新的一天，讓今天比昨天更好。即使在休假日，我也會為自己設定目標，總覺得該完成很多事。如果我覺得浪費了一天，當晚睡覺都會睡得不安穩。」

這就是弗雷德的行事準則。他做的每一件事，並不是為了提升市占率、拿獎、或提高收益。他之所以持續實踐非凡之道，是因為他對「善用每一天」有著深刻的個人承諾。

第 14 章

弗雷德精神

審判之日，上帝將不問我們讀過什麼，
而是問我們做過什麼。

——托馬斯・肯皮斯（Thomas à Kempis）[3]

《弗雷德因子》這本書，是以一位非凡的郵差為原型。你可以把它視為弗雷德的故事。

當然，這種他所展現出來的精神，自古以來就存在於無數男人、女人與孩子身上。有些人受到了世人的讚揚，並被記錄進歷史；也有些人默默無名，因為他們在無聲中完成自己的工作，從未被看見。

我們最記得哪些人？我們記得的是那些一生為他人奉獻的人。我們最受感動的，不是別人得到了什麼，而是他們付出了什麼；不是他們征服了多少，而是他們貢獻了多少。

我們在每一位弗雷德身上，都能辨識出那份共同的使命感——一種歷久彌新的慷慨精神，自人類誕生以來便一直與我們同在。

擁有弗雷德之心

那是幼兒園小班開學的第一天，我正帶著兒子杭特走進學校大樓。

走在路上，他問我：「爸，什麼是最重要的事？」

我當時很驚訝，覺得這五歲孩子真是有想法——開學第一天就想問怎麼樣才能表現好。我想了一下，正準備告訴他一些關於遵守規矩、多學習、跟同學相處融洽之類的建議，但還沒講完，杭特就插話

譯注③：歐洲文藝復興時期出身神聖羅馬帝國的宗教作家。

了：「爸～～～～～～～」他把這個字拉得老長，語氣裡還帶著一點無奈的責備。

「**最重要的事是愛啊！**」

他這句話讓我當場停下腳步，老爸果然沒抓到重點。杭特本來只是問一句簡單的建議，結果他自己說出了深刻的道理。

如果你問我，「弗雷德因子」中最重要的精神是什麼？我的回答也會一樣：「**最重要的，就是對他人的愛。**」不是那種甜膩膩、人人牽手唱〈四海一家〉（We Are the World）的愛，而是穩定而有意義的慷慨精神，讓我們願意為別人——不論認識與否——付出自己的一部分。

我學到的是：這種慷慨的精神，會透過行動具體展現出來。我可以愛一個我未必喜歡的人；我可以選擇以某種方式對待這個人，只因為我知道那是對的事，即使在做的當下，並沒有什麼溫馨愉悅的感覺。

所以我對「慷慨精神」的工作定義是：無論你對某人有什麼感覺，仍承諾以尊嚴與善意對待他。

對那些可愛、討喜的人表現慷慨，容易多了。幾乎所有人都做得到。但對那些行為惡劣、處境負面的人展現慷慨，才是人生真正的挑戰。德雷莎修女（Mother Teresa）照顧痲瘋病患、窮人與被社會遺棄者，因此我們尊她為聖人。

瑪娃．柯林斯（Marva Collins）是我印象深刻的一位教育者，她真心關愛她的學生。多年前，她在芝加哥創辦了「西區預備學校」

（Westside Prep），並立下誓言：「我不會讓我的學生失敗。」

我相信其中一些學生曾讓她沮喪、甚至憤怒。但她依然幫助了他們。你愈關心他人——為他們做些讓他們保有尊嚴、對他們有益的事——你就愈容易喜歡他們。當人被愛時，他們會變得更可愛。

這本書大部分內容都在講「弗雷德因子」的做法與方法，但如果你不明白背後的「為什麼」，那麼這條路很快就會讓你疲憊。正是那個「為什麼」——支持著你、引導你繼續前行。

郵差弗雷德，真心在乎他所服務的人。他關心他的客戶，也關心他的同事。這一點，大家都感受得到。他每天做的，是一份再平凡不過的工作——但他投入了同理心與熱情，因此他做出的工作，才變得不平凡。

這本書記錄的是一位特定的「弗雷德」：他曾幫我遞送郵件，後來成為我的朋友。但歷史上有很多像他一樣的「弗雷德」。

讓一個行為變得不凡的，是你投注了多少真心。讓一段人生變得不凡的，是你活得有多少愛。

這就是弗雷德因子的祕密。

⊙附錄

弗雷德評量表

衡量你所珍視的東西。

你想要一種評估如何成為弗雷德的方法嗎？我創建了一份評量表，你可以用來衡量自己的實踐情況，同時也能幫助你記住成為一位弗雷德的核心要素。請將它視為一張積極的提醒卡，幫助你持續聚焦在這條成長的路上。

1. 覺察（Awareness）

無知並非幸福，而是盲目。缺乏覺察阻礙我們有意識地關注重要事物，覺察影響我們的觀點。你在心中最重要的價值觀，將成為你最有可能實現的價值觀。

在這種情況下，覺察是關於將弗雷德的例子作為自己行為的榜樣。這意味著完全熟悉第三章中提出的四個原則：每個人都能產生影響、成功源自於人際關係、持續為他人創造價值、定期重塑自我。

2. 行動計畫（Agenda）

你的行動計畫就是你的藍圖，它代表著你下定決心去做那些你認為重要的事情。你可以認知到某些重要的事，但卻不對此採取任何行動。行動計畫將讓你從意識轉移到意圖。

看看你每天的待辦事項清單。它是否包括那些將為你的工作增添價值的任務？建立更好的人際關係？在世界上產生積極的影響？

你的行動計畫回答了這個問題，你打算做些什麼來成為弗雷德？

3. 態度（Attitude）

有一個有趣的困境：你可以做所有正確的事情，但如果這些事情是出於錯誤的原因或帶著錯誤的態度去做，你的努力將付之一炬。

不會奏效的事情：因為你覺得必須這樣而像弗雷德一樣行事；會奏效的事情：因為你想這樣而像弗雷德一樣行事。

態度影響我們生活中的一切。

積極的態度使你將你所從事的事情視為一個機會，而不是一種義務。

積極的態度尋找事物中的優勢，而不是劣勢。

積極的態度是「能做」，而不是「必須做」。

積極的態度是充滿希望的，而不是悲觀的。

如果你想看到效果，請重新閱讀第二章〈第一位弗雷德〉。

4. 行動（Action）

意圖如果沒有實際行動，只是一場夢。最終，真正能產生影響的，不是我們想做或計畫做什麼，而是我們實際做了什麼。

你渴望成為像弗雷德那樣的人的意圖，和你每天持續付諸實踐的行動之間，差距有多遠呢？

5. 成就（Accomplishment）

你可能認為行動是評量表上的最後一個項目，但事實並非如此。評估自己的最終方式是評估你所取得的成就。

為什麼有些人做與其他人相同或類似的事情，卻取得了明顯更多的成就？通常關鍵在於，他們所做的事情、所採取的行動中那些細微的差異。

評估你的成就，可以幫助你調整自己的努力方向，使影響力達到最大化。

你是否達到了期望的成就？你為了成為弗雷德而投入的時間和精力，是否為他人和自己帶來了回報？

如果在成就方面得分不夠，那麼就回過頭檢視自己的覺察、行動計畫、態度與實際行動，從中找出可以改進的機會。當然，好消息是，你的努力有時會對其他人產生巨大的積極影響，儘管你可能永遠不會得知。所以不要對自己太苛刻，你正在嘗試並盡力而為的事實，無疑正在豐富他人的生活。

弗雷德團隊評量表

- 團隊中的每個人都知道自己的存在會產生影響嗎？
- 每個人都知道如何建立關係嗎？

◉每個人都知道如何創造價值嗎？

◉團隊成員是否意識到透過創新和充滿熱情的承諾，他們可以不斷地重塑自己和他們的業務？

致謝

本書的真正主角——郵差弗雷德·謝伊依舊是我極為敬佩的榜樣。我感激他成為卓越服務的典範，也感謝他允許我分享他的故事。WaterBrook Press 團隊成為了我的朋友。感謝唐·佩普對這本書的信任，以及布魯斯·奈格倫（Bruce Nygren）在編輯方面的協助。

多年來，美國國家演講協會的許多朋友給予我眾多啟發、指導和鼓勵。成為這個優秀組織的一員，對我的個人生活和職業生活裨益良多。有太多講者朋友無法一一細數，但你們知道自己是誰，請知道我心存感激。

我的妻子達拉一直是我最忠實的支持者和啦啦隊。她校對過許多手稿、聽過無數次演講，支持我這種不尋常的巡迴演說生活方式。她永遠擁有我的愛和感謝。

最後，感謝那些每天都活出弗雷德精神，並使他人的生活更加豐富的許多人——無論我是否曾見過你，都值得讓我向你們致敬。

國家圖書館出版品預行編目 (CIP) 資料

弗雷德因子 : 4 個成就非凡人生的影響力法則 / 馬克 . 桑伯恩 (Mark Sanborn) 著 ; 李志威譯 . -- 初版 . -- 臺北市 : 今周刊出版社股份有限公司 , 2025.07

256 面；13X19 公分 . -- (Unique ; 71)

20 周年精裝紀念版

譯自 : The Fred factor : how passion in your work and life can turn the ordinary into the extraordinary

ISBN 978-626-7589-40-3(精裝)

1.CST: 成功法

177.2 114007617

Unique 071

弗雷德因子

【20 周年精裝紀念版】：4 個成就非凡人生的影響力法則

The Fred Factor: How Passion in Your Work and Life Can Turn the Ordinary into the Extraordinary

作　　者　馬克・桑伯恩 Mark Sanborn
譯　　者　李志威
總 編 輯　蔣榮玉
責任編輯　吳昕儒
封面設計　Dinner Illustration
內文排版　陳姿仔
校　　對　李志威

企畫副理　朱安棋
行銷企畫　江品潔
業務專員　孫唯瑄
印　　務　詹夏深

發 行 人　梁永煌
出 版 者　今周刊出版社股份有限公司
地　　址　台北市中山區南京東路一段 96 號 8 樓
電　　話　886-2-2581-6196
傳　　真　886-2-2531-6438
讀者專線　886-2-2581-6196 轉 1
劃撥帳號　19865054
戶　　名　今周刊出版社股份有限公司
網　　址　http://www.businesstoday.com.tw

總 經 銷　大和書報股份有限公司
製版印刷　緯峰印刷股份有限公司
初版一刷　2025 年 7 月
定　　價　450 元
I S B N　978-626-7589-40-3

Unique

Unique